Bébés animaux

Yvette Clement

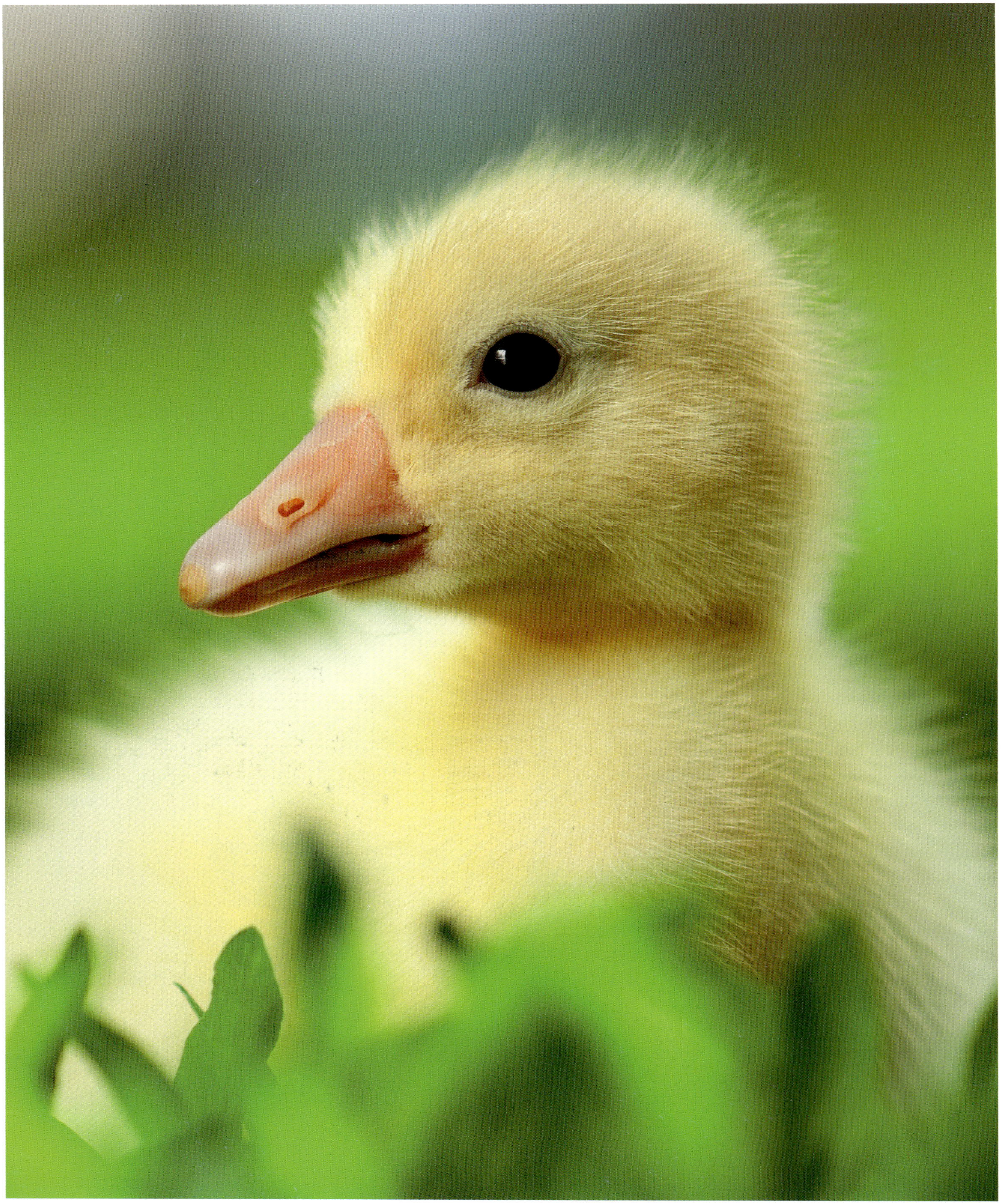

Bébés animaux

Yvette Clement

novedit

Copyright © Novédit 2012
pour la version française

Réalisation : Intexte
Traduction de l'anglais :
Chantal Mitjaville

Copyright © Regency
House Publishing Limited
Unit P1
Watermill Industrial Estate
Buntingford
Hertfordshire
SG9 9JS

Tous droits de traduction, d'adaptation et de reproduction réservés pour tous pays. « Toute représentation ou reproduction, intégrale ou partielle, faite sans le consentement de l'auteur ou de ses ayants droit ou ayants cause, est illicite » (article L. 122-4 du Code de la propriété intellectuelle – Loi du 11 mars 1957, alinéa 1er de l'article 40). En application de la loi du 11 mars 1957, toute représentation ou reproduction intégrale ou partielle de ce livre, stockée ou transmise par quelque moyen que ce soit – électronique, mécanique, reprographie, enregistrement ou autre – est strictement interdite et constituerait une contrefaçon sanctionnée par le Code pénal (article 425 et suivants) et le Code de la propriété intellectuelle.

Imprimerie Grafo
Espagne

Achevé d'imprimer : octobre 2012
Dépôt légal : 3e trimestre 2012

ISBN : 978-2-35033-706-7

Sommaire

Introduction 6

Chapitre 1 : mammifères 20

Chapitre 2 : marsupiaux 194

Chapitre 3 : mammifères marins 214

Chapitre 4 : oiseaux 232

Chapitre 5 : reptiles 286

Bébés animaux

L'homme a toujours trouvé les bébés animaux irrésistibles, et il est vrai que les petits de nombres d'espèces animales sont souvent adorables, doux et bien plus démunis que leurs parents, ce qui stimule en nous cet instinct de protection envers tout ce qui est vulnérable. Même les animaux réputés dangereux à l'âge adulte nous semblent inoffensifs lorsqu'ils sont bébés. Il n'est donc pas étonnant que les jeunes animaux soient si représentés dans les ouvrages illustrés, les calendriers, les films et la bande dessinée, où leur présence suffit à faire vibrer notre corde sensible. Nous allons découvrir ce qui rend ces petites créatures si attrayantes, mais aussi quelques comportements fascinants de ces animaux qui, une fois devenus adultes s'occupent de leurs

Introduction

petits, tout au long de la période la plus importante et vulnérable de leur vie.

Tout être vivant doit se reproduire afin d'assurer la survie de l'espèce. Chez les organismes les plus simples, cette étape se concrétise par leur division en deux ou plusieurs fragments, qui formeront de nouveaux individus. À l'autre bout de l'échelle, chez les animaux les plus évolués, comme les grands singes, la gestation, la protection et l'élevage des petits sont des processus exigeant des années d'investissement. Certaines espèces animales, comme l'éléphant ou la baleine, ne donnent naissance qu'à un seul petit par accouplement, et se reproduisent parfois que des années plus tard, tant la protection de leur petit prime sur toute chose. Chez d'autres, comme les poissons et plusieurs espèces moins évoluées, la reproduction se limite à la ponte de milliers, parfois même de millions d'œufs, dispersés dans l'eau. Beaucoup, voire la majorité de ces œufs, sont mangés par d'autres animaux, mais un nombre suffisant parvient à survivre et à éclore, pour assurer la continuité de l'espèce. Néanmoins, privés d'une protection parentale, ces jeunes ont une chance de survie bien mince, et nombre d'entre eux sont victimes des prédateurs. Ceux qui en réchappent grandissent,

À DROITE : les jeunes babouins quittent leur mère vers l'âge d'un an.

PAGE CI-CONTRE : les guépards peuvent mettre au monde neuf petits.

deviennent adultes et à leur tour se reproduisent, assurant ainsi la continuité du cycle fascinant et dangereux de la vie.

Partir
Le processus de la reproduction est inextricablement lié à la dissémination. Pour assurer l'avenir de l'espèce, sa progéniture doit se disséminer, coloniser de nouveaux secteurs et occuper de

Bébés animaux

nouveaux territoires, au risque d'entrer en compétition avec ses parents dont elle partage les ressources. Pour beaucoup d'animaux marins, l'océan est un environnement au mécanisme de dispersion « intégré ». Dans le cycle de vie d'une grande variété de poissons et d'autres espèces marines, le stade larvaire consiste à se laisser flotter dans l'eau, avec le plancton – vastes nuées de créatures microscopiques, dérivant plus ou moins au gré des marées incessantes et des courants, et formant un maillon essentiel de la chaîne alimentaire marine. Au bout d'un certain temps, les larves deviennent de jeunes adultes, désormais loin de l'endroit où ils sont nés. D'autres animaux quittent le territoire parental dès qu'ils sont sevrés, chassés par leurs parents ou poussés par l'instinct, afin d'avoir leur propre territoire.

RENCONTRE ET ACCOUPLEMENT

Avant de donner naissance à des petits et de les élever, les animaux doivent d'abord trouver un partenaire, puis s'accoupler. Cette activité prend des formes aussi variées que le sont les animaux eux-mêmes. Tous les cas de figure se présentent, des couples unis pour la vie, ceux d'une saison ou seulement pour un accouplement, en passant par ceux qui multiplient les partenaires. De nombreux animaux se lancent dans des rituels et des parades

Ces oies des neiges se préparent à une migration en masse.

Introduction

Bébés animaux

Introduction

élaborés avant de s'accoupler, qui ont pour fonction d'établir et de cimenter le lien avec le partenaire, et de prouver à la femelle que le mâle est un reproducteur vigoureux. Un oiseau mâle offre souvent d'alléchantes friandises à la femelle convoitée, pour prouver qu'il sera capable d'assurer la pitance de sa future progéniture. Des parades, des batailles pour le territoire et l'accouplement seront nécessaires pour que le mâle puisse séduire sa partenaire.

CI-DESSUS : linotte mélodieuse et sa progéniture dans leur nid.

PAGE CI-CONTRE : le paon fait la roue pour attirer une partenaire.

NIDIFICATION

L'idée d'un endroit sûr et douillet où sont élevés des petits évoque aussitôt un nid, et les oiseaux sont considérés comme les maîtres bâtisseurs du règne animal. Du simple creux gratté dans le sol, utilisé par la gélinotte et bien d'autres espèces

Bébés animaux

nichant au sol, aux complexes structures communautaires suspendues, élaborées par le républicain social, la construction d'un nid marque le retour de la saison des amours. Si beaucoup de nids d'oiseaux ne sont pas faciles à repérer, ceux des freux ou des fous, par exemple, sont loin de passer inaperçus. D'autres nids sont dissimulés au regard par le feuillage, ou construits à l'intérieur d'un tronc creux. Contrairement à ce que l'on pense, les oiseaux ne vivent pas dans leur nid à l'année. Ils l'utilisent uniquement pour y pondre leurs œufs et élever leur progéniture.

La construction de nids n'est pas réservée aux oiseaux. D'autres animaux bâtissent de tels havres pour leurs petits, comme l'épinoche, un petit poisson d'eau douce. Durant la saison des amours, le mâle confectionne une structure en arche à l'aide d'élodées (plantes aquatiques), au sein de laquelle il attire plusieurs femelles qui viennent y pondre leurs œufs. Une fois les œufs fertilisés, le mâle monte la garde et surveille le frai, agitant régulièrement l'eau pour oxygéner les œufs, veillant à ce que les prédateurs ou autres intrus se tiennent à distance. Certains membres des Cichlidés, vaste famille de l'ordre des Perciformes (poissons osseux), fixent leurs œufs à l'intérieur de fissures rocheuses et dans des grottes sous-marines, utilisées comme sites de nidification temporaires.

Parmi les reptiliens, le crocodile estuarien et l'alligator américain bâtissent aussi des nids, sous forme d'imposants monticules faits de branchages, de boue et de débris végétaux, mesurant jusqu'à 3 m de diamètre et 1 m de hauteur. Ils enterrent leurs œufs à l'intérieur de ces monticules, puis s'installent souvent au sommet pour monter la garde. Les débris végétaux qui pourrissent sous l'ardeur du soleil libèrent une chaleur bénéfique à l'incubation des œufs – un procédé également adopté par certains oiseaux, comme le léipoa ocellé d'Australie. D'autres nids de reptiliens, dont ceux des tortues marines, se présentent sous la forme de simples trous creusés dans le sable, où les femelles déposent des œufs et les laissent éclore seuls.

Pour certains mammifères, bâtir un nid n'est pas une option viable. Des animaux comme l'éléphant sont trop imposants pour s'y dissimuler, et d'autres, comme la baleine, évoluent dans un environnement où la nidification est impossible. Mais plusieurs mammifères bâtissent des nids pour leurs petits, se présentant, dans le cas des espèces forestières comme le cerf, de la litière d'herbe dissimulée au cœur des fougères ou autres végétaux, à un réseau souterrain de chambres comme font les castors.

Des parents usent de stratégies pour tenir les prédateurs à distance de leurs nids, certains feignant une blessure, espérant ainsi inciter un prédateur à les suivre. Une fois parvenu à bonne distance du nid, l'oiseau s'envole et file,

Les manchots papous sont des parents attentionnés.

Bébés animaux

laissant le prédateur perplexe. Les lapins comptent parmi les animaux dissimulant l'entrée de leur terrier. Beaucoup d'autres limitent leurs visites dans le nid aux seuls moments de la tétée et des soins à apporter aux petits. Le reste du temps, ils se tiennent à l'écart, espérant ne pas éveiller les soupçons des prédateurs quant à la présence d'un nid.

Les petits jouent souvent un rôle dans la sécurité du nid. Ainsi, les poussins restent silencieux en l'absence de leurs parents, pépiant et ouvrant grand le bec

CI-DESSOUS : Lapereaux sortis de leur terrier.

PAGE CI-CONTRE : cette femelle orang-outang prend soin de son petit qui se promène juché sur ses épaules.

uniquement à leur retour. Les faons se tiennent aussi tranquilles lorsqu'ils sont seuls, tapis au sol dans les bois, protégés par leur livrée qui les aide à passer inaperçus. Chez les poissons, certains jeunes arborent une livrée très différente

Introduction

Bébés animaux

de celles des adultes, ce qui aurait pour fonction d'alerter ces derniers sur leur statut de juvéniles, leur évitant ainsi d'être considérés comme des rivaux, et donc d'être attaqués.

Élevage des petits
Pour les animaux faisant preuve d'un souci parental, un gros travail débute après la naissance des petits. Les jeunes doivent être régulièrement nourris et pour les espèces dont les juvéniles se retrouvent presque désarmés, une aide et une stimulation de tous les instants, y compris pour déféquer, est parfois nécessaire. En plus de ces taches, le ou les parents ont pour obligation la protection de leur progéniture et la recherche de nourriture, non seulement pour eux-mêmes, mais aussi pour leurs petits. Chez certaines espèces, le mâle participe aux soins parentaux, mais dans

Introduction

bien des cas, la femelle s'en charge seule. Une fois que les petits ont atteint un certain stade de développement, débute la socialisation et l'apprentissage de stratégies de chasse qui les aideront dans leur future vie, en tant que membre d'un groupe hiérarchisé ou d'une meute. Les éléphants et les suricates comptent parmi ces groupes où l'élevage des juvéniles est assuré par différents membres de la troupe – en général par des sœurs plus âgées, offrant à la mère un répit bienvenu.

Certains animaux ne quittent jamais le groupe familial. Ainsi, les femelles éléphants restent aux côtés de leurs mères et intègrent un troupeau nomade rassemblant jusqu'à 100 individus ou plus. De leur côté, les mâles quittent

CI-DESSUS : magnifique femelle lémur catta et ses deux petits.

PAGE CI-CONTRE : jument et son poulain, quelques heures après sa naissance.

Bébés animaux

leur mère une fois atteint l'âge de leur maturité. Ils forment alors des groupes de célibataires, qu'ils quittent lorsqu'ils se sentent suffisamment forts pour défier le mâle dominant d'un autre troupeau.

Partout à travers le monde, en d'innombrables occasions, des millions et des millions d'animaux, de toutes espèces, répondent à l'instinct, parfois même sans comprendre, et se lancent dans l'aventure la plus essentielle de la nature – celle de la création d'une nouvelle vie, conduisant à la plus précaire et fascinante de toutes les étapes – celle de la naissance d'un nouvel animal.

Femelle cerf de Virginie faisant découvrir la rivière à son jeune faon.

Introduction

Chapitre 1
Mammifères

Les mammifères appartiennent à l'une des six classes du règne animal. Ces classes sont des groupes scientifiques présentant un certain nombre de critères de ressemblance. L'homme appartient à la classe animale des mammifères.

On dénombre environ 4 000 espèces de mammifères. Quand on sait qu'il existe environ 21 000 espèces de poissons et près de 800 000 espèces d'oiseaux, on réalise que les mammifères sont une classe bien modeste !

Les mammifères sont des animaux à sang chaud. Dans un environnement soumis à un froid glacial ou à une chaleur extrême, leur corps reste à une température constante, ce qui permet aux mammifères de rester actifs et de prospérer sous une large variété de latitudes.

Mammifères

PAGE CI-CONTRE : les chameaux vivent dans les régions les plus arides de la planète.

CI-DESSUS : cet ourson polaire ne semble pas se soucier du froid.

Les mammifères vivent théoriquement partout dans le monde. Les ours polaires évoluent dans des régions très froides. Les chameaux évoluent dans des régions chaudes. Les chauves-souris vivent dans les grottes et volent dans les airs. Les dauphins peuplent les océans.

Bébés animaux

Fourrure et graisse aident à la régulation de la température des mammifères dans les environnements froids. Sudation ou halètement servent à évacuer un excédent de chaleur lorsque l'animal est soumis à une trop forte chaleur.

Si tous les mammifères possèdent fourrure ou pelage, certains ont de longs poils couvrant le corps tout entier, alors que d'autres présentent des poils ras, ou se limitant parfois à quelques poils épars.

Les mammifères qui évoluent dans l'eau, comme les dauphins et les baleines, possèdent aussi des poils, bien qu'une loupe soit nécessaire pour les distinguer. Les mammifères sont les seuls animaux dotés de vrais poils.

Les poils sont des fibres de cellules mortes constituées d'une substance appelée kératine, celle-là même qui forme nos ongles.

La plupart des bébés mammifères vivent dans le ventre de leur mère avant leur naissance, comme chez les humains.

Lorsque le bébé est suffisamment développé, il quitte le ventre de sa mère. Mais tous les mammifères ne donnent pas naissance à des êtres vivants. De rares mammifères (l'ornithorynque par exemple) pondent des œufs !

Tous les bébés mammifères tètent le lait de leur mère. Les petits des cochons, dauphins, chauves-souris et éléphants boivent tous du lait.

Mammifères

Parce que les bébés dépendent du lait de leur mère pour survivre, ces dernières instinctivement les nourrissent et en prennent soin. La durée de l'allaitement varie d'un mammifère à l'autre.

Les petits humains ont des dents de lait, comme tous les autres mammifères, à quelques exceptions près, comme les fourmiliers – qui sont édentés.

Les femelles mammifères doivent travailler dur pour survivre et élever leur progéniture. Les bébés apprennent de leur mère, en les imitant. Ce mimétisme permet aux juvéniles d'apprendre tout ce qu'ils doivent savoir pour survivre.

Mais que mange un mammifère adulte ? Les lions sont des amateurs de viande. On les appelle des carnivores. Les vaches se nourrissent d'herbe. On les appelle des herbivores. L'homme est un mammifère qui mange de la viande et des végétaux. Il est omnivore.

PAGE CI-CONTRE : les mammifères sont tous protégés par des poils ou de la fourrure, y compris les dauphins.

CI-DESSOUS : tous les mammifères boivent du lait. Ce poulain est en train de téter sa mère.

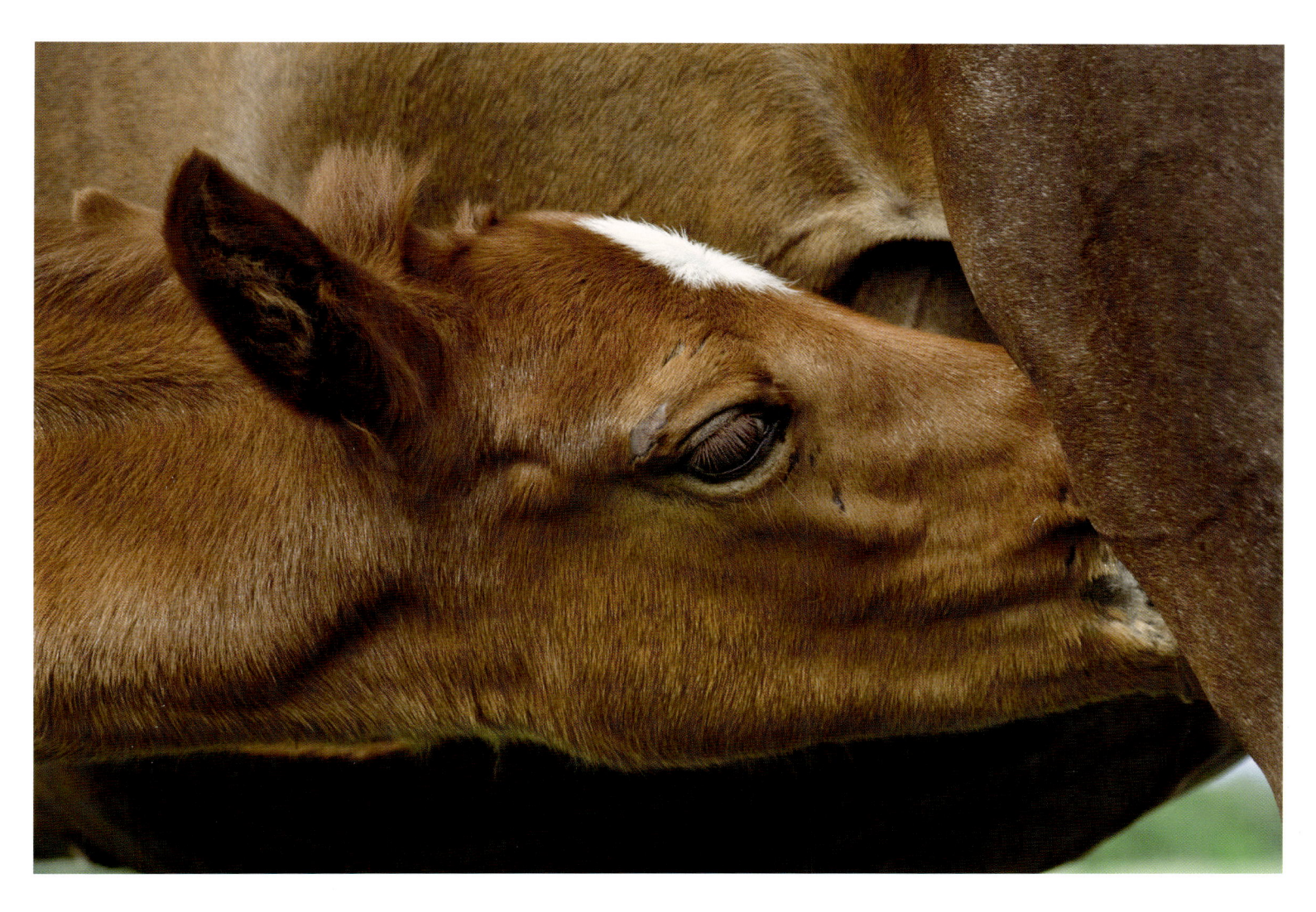

Bébés animaux

24

Ours noir

L'ours noir, ou baribal, est le plus petit et le plus commun des ours des États-Unis. Il mange essentiellement de plantes, mais aussi d'insectes. Il vit dans de vastes zones boisées, mais quitte parfois la forêt pour se nourrir. Ce petit ours apprend à grimper aux arbres dès son plus jeune âge.

DOUBLE PAGE SUIVANTE : les ours noirs ne sont pas toujours noirs. Ils présentent parfois une fourrure marron et certains sont presque blancs. Leur poil court et dense les protège du froid en hiver.

Bébés animaux

Ours noir

Bébés animaux

Le grizzli est aussi appelé ours brun nord-américain. Lorsqu'il n'est pas accompagné d'oursons, le grizzli préfère vivre seul, même si parfois ces ours se retrouvent sur les berges des rivières, des lacs, des fleuves ou des étangs lors de la saison de frai des saumons. Cette famille semble intéressée par quelque chose aperçu au loin.

PAGE CI-CONTRE : ourson tentant de se gratter en équilibre sur un tronc.

Grizzli

Bébés animaux

Grizzly

PAGE CI-CONTRE : le grizzli adore la viande ou le poisson. Mais il ne dédaigne pas les plantes et tout ce qu'il peut trouver de consommable.

CI-DESSOUS : une femelle donne naissance de un à quatre petits. Elle veille sur ses oursons durant près de deux ans. Le grizzli vit au Canada et dans certains parcs nationaux américains, où cette espèce est protégée.

Bébés animaux

Le panda vit surtout dans les montagnes de Chine. Il se nourrit presque que de pousses de bambou, de quelques autres plantes et d'un peu de viande. C'est une espèce protégée. Jeunes pandas escaladant une souche d'arbre.

Panda

Le panda est un habitant de la forêt, ce qui explique que cet ourson réussisse sans mal à s'endormir sur un tronc d'arbre. Les petits pandas restent auprès de leur mère jusqu'à l'âge de trois ans. Les oursons, comme les enfants, aiment le jeu, se montrent énergiques et malicieux.

Bébés animaux

L'ours blanc, ou ours polaire, évolue sur la calotte glaciaire de l'Arctique et dans les eaux côtières de cette région du monde. Il possède de larges pattes antérieures aux doigts semi-palmés. Certains ours blancs ont été aperçus nageant à des centaines de kilomètres de toute terre. Ils avaient dû parcouru l'essentiel de cette distance en dérivant sur des plaques de glace.

Mère dévouée, la femelle ours blanc donne généralement naissance à deux oursons jumeaux, qui restent un peu plus de deux ans auprès d'elle, le temps d'apprendre à chasser et à survivre seuls.

Ours blanc

Bébés animaux

Le guépard est le plus gracieux des membres de la famille des Félidés. C'est aussi l'un des rares félins à compter sur la vitesse bien plus que sur la force pour chasser. Le guépard est réputé comme étant le plus rapide des animaux terrestres. Son nom est tiré du terme « *chitraka* » qui en sanskrit, une ancienne langue indo-aryenne, signifie « tacheté ». Ces jeunes guépards apprécient une sieste, allongés devant leur mère.

PAGE CI-CONTRE : le guépard ne rugit pas comme les autres grands félins, mais il peut ronronner, tout en inhalant.

DOUBLE PAGE SUIVANTE : les guépards naissent couverts de longs poils gris. Un pelage qui les aide à se camoufler dans leur environnement. Leur robe qui évoque alors celle du ratel participe aussi à faire fuir les prédateurs.

Guépard

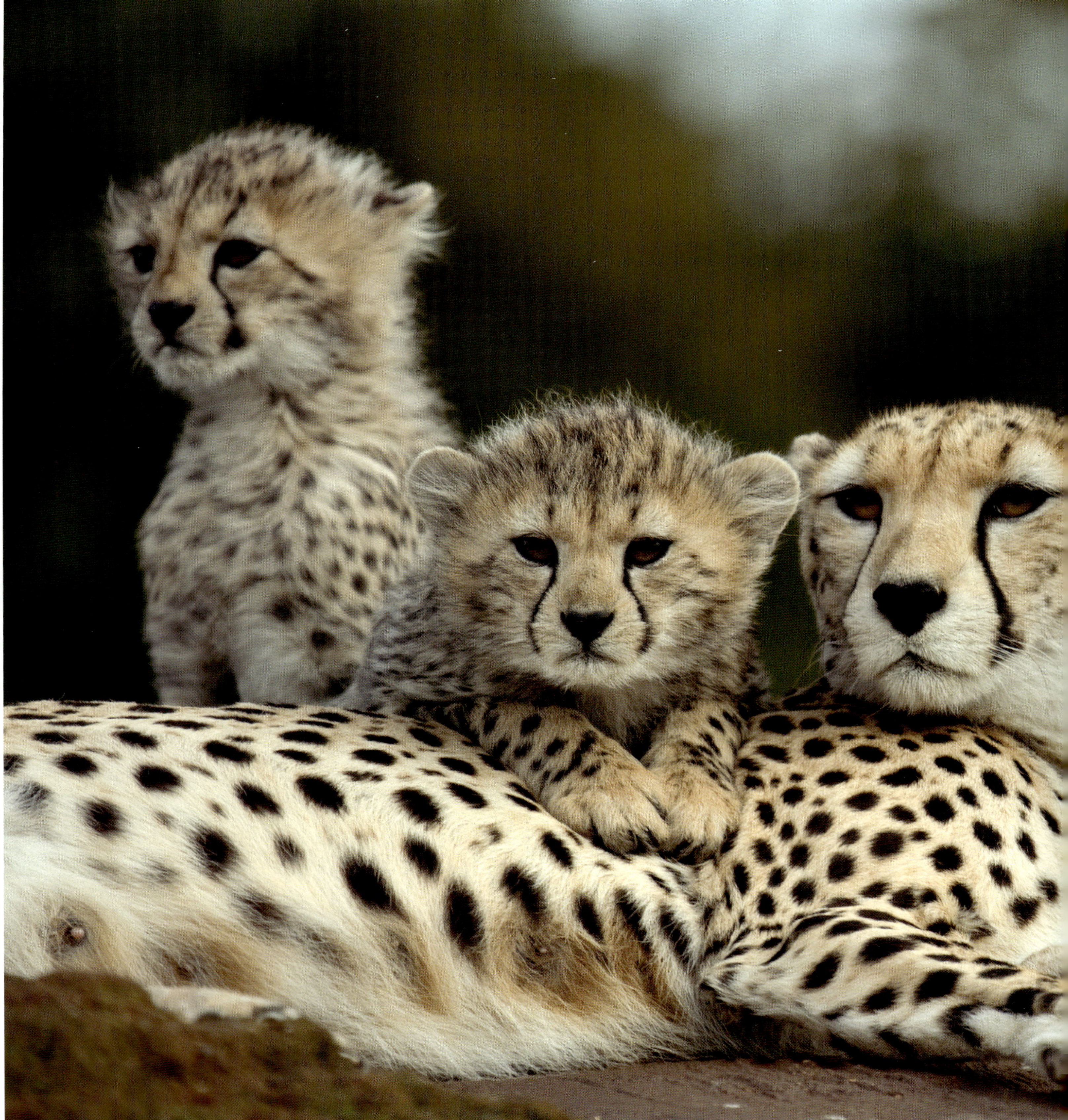

Guépard

Bébés animaux

Bébés animaux

40

Couguar

PAGE CI-CONTRE : le couguar est un grand félin, puissant et gracieux, aussi connu sous les noms de lion des montagnes, puma et bien d'autres appellations. Un félin natif des Amériques, où il est largement distribué. Le couguar est particulièrement agile. Ce jeune chaton s'entraîne à grimper.

La femelle couguar donne naissance à une portée de un à six chatons. Les petits ouvrent les yeux huit à neuf jours après leur naissance et sont sevrés vers l'âge de deux ou trois mois. Ils peuvent rester aux côtés de leur mère jusqu'à l'âge de deux ans. Les petits perdent leurs taches en grandissant.

Bébés animaux

L'élégant et puissant léopard est connu pour son agilité et sa rapidité. Il vit dans les régions subsahariennes, au nord-est de l'Afrique, en Asie centrale et en Chine. Les rosettes de son pelage sont un des traits caractéristiques de l'espèce. Le léopard noir, plus communément appelé panthère noire, possède des marques similaires, invisibles en raison de la noirceur de son pelage. Ces deux petits sortis de leur tanière paraissent un peu nerveux. Ils gagneront en confiance avec l'âge.

Léopard

Bébés animaux

En général, la femelle léopard donne naissance à deux léopardeaux au pelage grisonnant, présentant des rosettes à peine visibles à la naissance. La mère cache ses petits et les déplace d'un endroit sûr à un autre, jusqu'à ce qu'ils soient assez grands pour commencer à jouer et à apprendre à chasser. Les léopardeaux restent près de deux ans aux côtés de leur mère. Le pelage de ce petit léopardeau commence à arborer ses rosettes caractéristiques.

Léopard

Bébés animaux

Les lions sont les seuls félidés à vivre en troupes. Une troupe est une unité familiale, incluant jusqu'à trois mâles, une dizaine de femelles et leurs petits. Toutes les femelles d'une troupe sont parentes et les lionceaux femelles demeurent au sein de la troupe en grandissant, à la différence des jeunes mâles, qui partent pour prendre la place d'un autre mâle à la tête d'une troupe. Ces lionceaux jouent sous l'œil attentif des femelles de la troupe.

Lion

Bébés animaux

Ce lionceau est un mâle qui, avec l'âge, arborera une belle crinière. Seuls les mâles présentent cette magnifique couronne de longs poils ceinturant leur tête. Le mâle défend le territoire de la troupe, couvrant parfois une vaste zone. Le territoire peut inclure prairie, brousse ou régions boisées. Ces animaux intimidants rugissent de façon menaçante pour dissuader les intrus et pourchassent tous les lions qui cherchent à empiéter sur leur territoire.

Lion

Au sein de la troupe, la chasse est avant tout assurée par les lionnes. Elles chassent souvent en groupe, pour capturer antilopes, zèbres et autres grands herbivores. Parce que leurs proies sont souvent plus rapides qu'elles, les lionnes pratiquent une chasse collective.

Bébés animaux

Le lynx est un félin solitaire qui rode dans les forêts septentrionales reculées d'Amérique du Nord, d'Europe et d'Asie. Le lynx possède un beau et épais pelage qui le protège du froid lors des hivers rigoureux. Ses longues pattes au poil dense et aux pieds larges lui assurent une démarche feutrée et agissent comme des raquettes dans la neige.

La femelle donne naissance de un à quatre chatons, qui en grandissant développent des pinceaux caractéristiques de poils noirs au bout des oreilles.

Lynx

Bébés animaux

Léopard des neiges

Espèce rare au magnifique pelage gris et blanc, le léopard des neiges vit dans les montagnes d'Asie centrale. Ce félin au pelage épais possède de larges pieds couverts de poils qui facilitent ses déplacements sur la neige. Grâce à ses pattes puissantes, cet incroyable sauteur est capable de bonds de 15 m. Il utilise sa longue queue en guise de balancier, mais aussi pour couvrir et isoler les parties sensibles de son corps par temps glacial.

La femelle léopard des neiges donne naissance à deux petits au plus, qui restent aux côtés de leur mère jusqu'à l'âge de deux ans environ.

Bébés animaux

Le tigre est le plus gros des représentants de la famille des Félidés. Le plus répandu est le tigre du Bengale, qui se trouve en Inde. Le tigre de Sibérie, d'Indochine, de Chine méridionale, de Sumatra et de Malaisie compte au nombre des sous-espèces du tigre. Tous sont des animaux protégés.

PAGE CI-CONTRE : le tigre blanc, extrêmement rare, est issu du croisement entre le tigre de Sibérie et le tigre du Bengale. Ces tigres ne peuvent survivre à l'état sauvage, en raison de la couleur distinctive de leur pelage qui compromet leurs chances de passer inaperçus. Le tigre blanc est uniquement élevé en captivité.

Tigre

Bébés animaux

Tigre

La femelle tigre met au monde un à six petits. Les jeunes suivent leur mère dans ses chasses, jusqu'à l'âge de six mois. Bien que capables de tuer vers l'âge de 1 an, ce n'est que vers 2 ans qu'ils pourront enfin chasser seuls. Ces jeunes tigres explorent leur nouvel environnement.

Bébés animaux

Animal emblématique des Grandes Plaines, le bison d'Amérique du Nord est un grand bovidé, réputé être le plus imposant des animaux terrestres d'Amérique du Nord.

Les veaux naissent sans bosse ni cornes. Peu après leur naissance, ils se dressent sur leurs pattes, tètent leur mère et reste à ses côtés lorsque le troupeau se déplace. La couleur du poil des veaux s'assombrit à partir de trois mois, alors que les cornes se développent avec l'âge. Le veau tête sa mère jusqu'à l'âge de 1 an. Le bison atteint sa maturité à l'âge de 3 ans.

Bison

Bébés animaux

Cerf

Le cerf est le seul animal doté de ramure. À la différence des cornes, la ramure est constituée de véritables os.

On dénombre plus de 60 espèces de cervidés, dont le caribou, l'élan, l'orignal, le cerf porte-musc, le renne et le cerf de Virginie. Le cerf est distribué sur tous les continents, sauf en Antarctique. Certains vivent dans les déserts chauds et arides, d'autres dans les régions froides au-delà du cercle polaire arctique, d'autres encore dans les zones au climat tempéré. À gauche, un chevreuil, ci-dessous un cerf de Virginie.

61

Bébés animaux

Ces deux faons sont des cerfs de Virginie, une des plus petites espèces de la famille des Cervidés d'Amérique du Nord. Distribuée du sud du Canada à l'Amérique du Sud, cette espèce affectionne les régions boisées, à proximité de prairies et de prés. L'été venu, le cerf de Virginie privilégie les clairières, mais se rapproche de la forêt dès l'hiver. Les adultes présentent un pelage brun roux en été, mais gris brun en hiver. Seuls les mâles possèdent une ramure. Au printemps, la biche donne naissance de un à trois faons, au pelage brun roux tacheté de blanc.

Cerf

Bébés animaux

Orignal

L'orignal est le plus grand représentant de la famille des Cervidés. Les mâles sont facilement identifiables à leur imposante ramure, susceptible d'atteindre 1,80 m d'envergure. L'orignal possède un long museau incliné vers le menton et une poche de peau sous le cou appelée cloche. En général, la femelle donne naissance à deux veaux qu'elle élève durant une année.

Bébés animaux

La domestication de la vache remonte à 8 000 ans et l'animal est depuis essentiel à notre chaîne alimentaire. La vache possède un système digestif qui l'aide à assimiler l'herbe qu'elle consomme. Les agriculteurs élèvent des vaches pour les produits laitiers, incluant le lait et le beurre. Au fil des siècles, les produits laitiers ont pris une place importante dans notre nutrition.

Vache

Bébés animaux

Vache

La vache est un ruminant. Cela signifie qu'elle possède un système digestif qui l'aide à digérer l'herbe qu'elle ingurgite, par le biais d'un processus répété de régurgitation et de mastication d'une masse alimentaire qualifiée de « bol alimentaire ». Le bol alimentaire est à nouveau ingurgité, puis digéré par des micro-organismes spécialisés au niveau de la panse.
La panse contient près de 190 l de nourriture prédigérée.

Bébés animaux

L'impala est une antilope africaine de taille moyenne, dotée de longues cornes annelées. Il vit en troupeaux dans le sud-est et le centre de l'Afrique, occupant les régions de forêts ouvertes, de prairies et de brousse arbustive.

Son agilité à bondir lui permet d'effectuer des bonds de 3 m de hauteur. En pleine course, un impala peut franchir 9 m d'un seul bond. Un atout qui l'aide à échapper aux prédateurs. Un petit impala pourra courir aux côtés de sa mère quelques heures seulement après sa naissance.

Impala

Bébés animaux

Le troupeau assure une protection contre les prédateurs, comme les lions. Un impala sentant une menace lance un cri d'alerte qui conduit tout le troupeau à fuir et un impala en fuite n'est pas une proie facile à attraper.

En général, les femelles mettent bas sept mois après l'accouplement et donnent souvent naissance à un seul petit. La mère et son bébé intègrent durant quelques jours un groupe de femelles accompagnées de leur progéniture.

Ces deux petits impalas ont déjà un pelage aux marques distinctives. De quoi les aider à se fondre dans les hautes herbes et à échapper à la vigilance des prédateurs.

Impala

Bébés animaux

Gazelle la plus répandue en Afrique orientale, la gazelle de Thomson se distingue de la gazelle de Grant par une bande noire qui prend naissance au niveau de l'épaule et court le long des flancs, par une tache blanche au niveau de la croupe, et par sa taille légèrement plus petite. L'espèce porte le nom de « swala tomi » en swahili.

Les mâles sont plus imposants que les femelles, dotés de puissantes cornes cannelées courbées vers l'arrière, aux extrémités pointant vers l'avant. Les femelles ont de courtes cornes lisses et effilées, ou en sont parfois dépourvues. La tête est rehaussée par une bande noire sous chaque œil, une marque noire le long de la partie supérieure du museau, et une tache claire sur le front.

Après la mise bas, la gazelle dissimule son petit dans les herbes hautes, revenant pour le nourrir. Aidée par son pelage couleur fauve et sa capacité à rester longtemps immobile, elle se camoufle parfaitement.

Gazelle de Thomson

Bébés animaux

Girafe

La girafe est le plus grand mammifère au monde, doté de longues pattes et d'un cou démesuré. La hauteur d'une patte de girafe peut atteindre 1,80 m environ. Aidée de ses longues pattes, la girafe peut atteindre 56 km/h sur de courtes distances et court sans peine à près de 16 km/h sur de longues distances.

En règle générale, cet animal fascinant évolue dans les prairies ouvertes, en petits groupes d'environ six individus. En dépit de sa taille, l'animal se montre très agile, comme le prouve ce girafon, page ci-contre.

Bébés animaux

Une girafe femelle reste debout pour mettre bas. Une arrivée dans le monde bien rude pour le girafon, qui se retrouve à terre après une chute de 1,50 m. Le girafon se dresse sur ses pattes 30 minutes après sa naissance et court aux côtés de sa mère 10 heures plus tard.

Girafe

Bébés animaux

Bébés animaux

Éléphant d'Afrique

L'éléphant d'Afrique est le plus imposant des animaux terrestres. Légèrement plus gros que son cousin asiatique, il s'en distingue par ses grandes oreilles, dont la forme évoque grossièrement celle du continent africain.

Les éléphants aiment l'eau et s'arroser, en pompant l'eau à l'aide de leur trompe, avant s'en asperger. Après ces douches, ils projettent souvent des nuages de poussière, afin de tapisser leur peau d'une couche protectrice.

Bébés animaux

L'éléphante atteint sa maturité sexuelle vers 9 ans et commence à procréer vers l'âge de 12 ans. Chez l'éléphante, la gestation dure 22 mois.

La femelle passe sa vie entière au sein d'un vaste troupeau. Les mâles quittent le troupeau vers 13 ans, pour entamer une vie assez solitaire. Cette mère est accompagnée de ses deux éléphanteaux. La famille se rafraîchit près d'un point d'eau.

Éléphant d'Afrique

Bébés animaux

L'éléphant d'Asie est plus petit que son cousin africain. Ses oreilles sont aussi moins grandes et ses défenses plus courtes.

L'éléphant d'Asie a été domestiqué il y a des siècles. Ces bêtes puissantes, encore utilisées pour déplacer de lourdes charges et transporter des hommes sur leur dos, servaient à l'époque de monture en temps de guerre.

Éléphant d'Asie

Bébés animaux

L'âne est un cousin du cheval et du zèbre. Tous sont membres de la famille des Équidés. L'âne est un descendant de l'âne sauvage africain, aujourd'hui rare à l'état sauvage, concentré dans quelques régions isolées du nord-est de l'Afrique. Cet ânon est un burro sauvage d'Amérique du Sud.
Page ci-contre, ce petit âne broute l'herbe printanière.

Âne

Bébés animaux

Bébés animaux

Âne

À l'état sauvage, les ânes ne vivant pas en troupeaux aussi unis que ceux des chevaux et des poneys. Parce que leur territoire jouxte des régions désertiques où la nourriture est plutôt rare, les ânes ont développé un braiement sonore qui leur permet de rester en contact les uns avec les autres. Leurs grandes oreilles les aident à mieux percevoir les appels distants de leurs congénères.

Les ânes domestiques se présentent sous différentes tailles et couleurs. L'ânesse donne naissance à un ânon qui se dresse sur ses pattes quelques heures après sa venue au monde. L'ânon tête sa mère jusqu'à son sevrage, vers l'âge de 6 à 10 mois.

Excellents compagnons pour les chevaux, les ânes s'entendent bien avec les moutons et les chèvres, à qui ils offrent protection contre les prédateurs.

Les ânons ont besoin de beaucoup dormir, à l'image de ce petit allongé dans un pré.

Bébés animaux

Bébés animaux

Cheval

L'homme entretient depuis longtemps une relation privilégiée avec le cheval. Des peuples nomades asiatiques ont domestiqué le cheval, il y a plus de 4 000 ans, et il resta précieux jusqu'à l'avènement du moteur. Les chevaux continuent d'occuper une place de choix dans plusieurs cultures, en rapport avec leurs exploits en temps de guerre.

Il existe une seule espèce de cheval domestique, mais près de 400 croisements différents, chacun spécialisé dans une tache précise, des chevaux de traits aux chevaux de course. Ce sont tous des brouteurs.

Il existe encore des chevaux sauvages, descendants d'animaux autrefois domestiqués, mais ayant retrouvé leur liberté depuis des générations. Ces groupes se rencontrent dans plusieurs régions. Les mustangs nord-américains sont les descendants de chevaux importés sur le continent il y a plus de 400 ans.

Bébés animaux

Les chevaux sauvages forment des groupes de 3 à 20 individus. Un étalon (mâle mature) conduit le groupe, formé de juments et de jeunes poulains. Lorsque les poulains atteignent leur maturité sexuelle, vers l'âge de 2 ans, l'étalon les chasse du groupe. Les poulains se joignent à d'autres jeunes mâles, jusqu'à ce qu'ils puissent à leur tour prendre la tête d'un groupe de juments. Un poulain reste avec sa mère jusqu'à l'âge de 10 mois environ.

Cheval

Bébés animaux

Zèbre

Aucun autre animal ne possède une robe aussi caractéristique. Chaque individu présente un motif rayé unique. Aucun ne ressemble à l'autre.

Distribué dans les plaines d'Afrique, le zèbre est social et passe l'essentiel de sa vie au sein d'un troupeau. Les zèbres broutent ensemble et se toilettent mutuellement. Le jeune zèbre est une proie convoitée par les prédateurs, comme les lions, et il doit donc rester près de sa mère.

Bébés animaux

Les zèbres vivent en petits groupes familiaux, composés d'un étalon, de plusieurs femelles et des petits. Ces unies peuvent se mêler à d'autres pour former des troupeaux rassemblant parfois des milliers d'individus. Les membres d'une même famille restent toujours proches. Les jeunes courent peu de temps après leur naissance et restent avec leur mère durant 10 mois.

Zèbre

Bébés animaux

Un hippopotame passe jusqu'à 16 heures immergé dans l'eau, afin de maintenir son corps à l'abri des ardeurs du soleil africain. Gracieux et agile dans l'eau, l'hippopotame se révèle un bon nageur, capable d'apnées de plus de cinq minutes. Ses yeux et ses narines sont situés au sommet de sa tête, ce qui l'aide à voir et à respirer en restant presque totalement immergé.

Un bébé hippopotame pèse 45 kg environ à la naissance et parvient à téter sur la terre ferme, comme dans l'eau, en fermant ses narines et ses oreilles. Chaque femelle donne naissance à seul petit, tous les deux ans. Peu après la naissance, la mère et son bébé rejoignent une horde, où ils trouvent protection contre les crocodiles et les lions.

Hippopotame

Bébés animaux

Le rhinocéros blanc vit dans les savanes herbeuses d'Afrique, où il se rassemble parfois en troupeaux d'une dizaine d'individus. La femelle ne se reproduit que tous les 2,5 à 5 ans. Son unique petit ne pourra vivre seul avant l'âge de trois ans environ. Ce jeune reste au plus près de sa mère.

Rhinocéros blanc

Les rhinocéros aiment se vautrer dans la boue. Ils cherchent un point d'eau adapté, puis se roulent dedans, afin d'enduire leur peau d'une couche de boue agissant comme un répulsif contre les insectes et un écran solaire.

Le rhinocéros possède une ouïe fine et un odorat développé. Ils parviennent à se retrouver en suivant la piste odorante laissée derrière lui par chacun de ces imposants animaux. Le rhinocéros blanc est une espèce menacée.

Bébés animaux

Bébés animaux

Babouin

On dénombre cinq espèces de babouins. Toutes vivent en Afrique ou au Moyen-Orient. Les babouins comptent parmi les plus grands singes du monde et les mâles des différentes espèces pèsent en moyenne de 15 à 37 kg. Le corps du babouin mesure de 60 à 102 cm de long, sans compter la queue, de longueur variable selon les espèces.

Les babouins privilégient la savane ou d'autres habitats semi-arides, même si quelques-uns vivent dans les forêts tropicales.

Bébés animaux

Le chimpanzé est notre plus proche cousin, partageant plus de 98 % de notre patrimoine génétique. Hommes et chimpanzés auraient un ancêtre commun, qui vivait il y a entre quatre et huit millions d'années.

Ils vivent au sein de communautés sociales de plusieurs dizaines d'individus et s'acclimatent aux forêts d'Afrique, aux régions boisées et aux prairies.

Chimpanzé

Bébés animaux

Chimpanzé

Bien que marchant à quatre pattes (sur ses phalanges), le chimpanzé peut se tenir debout. En se balançant de branche en branche, il se déplace avec agilité dans les arbres, où il trouve l'essentiel de sa nourriture. Le chimpanzé dort généralement dans un nid de feuilles, confectionné dans les arbres.

Bébés animaux

Le gorille peut grimper aux arbres, mais on le trouve souvent au sol, en communautés comptant jusqu'à 30 individus. Ces troupes organisées forment de vraies structures sociales. À la tête de la troupe se trouve un mâle adulte âgé et dominant, souvent qualifié de dos argenté, en raison de la bande de poils gris qui couvre son dos. Une troupe inclut plusieurs jeunes mâles, quelques femelles et leur progéniture.

Gorille

Bébés animaux

Lémur

Les lémurs sont des primates endémiques à l'île africaine de Madagascar et à quelques petites îles voisines. En raison de son isolement géographique, Madagascar abrite quelques espèces remarquables, rencontrées nulle part ailleurs.

Les lémurs utilisent leurs mains et leurs pieds pour se déplacer dans les arbres. Le lémur catta passe beaucoup de temps au sol, ce qui est inhabituel pour un lémur. Il cherche des fruits, qui constituent l'essentiel de son régime alimentaire, mais il consomme aussi feuilles, fleurs, écorce d'arbre et sève.

Bébés animaux

Le macaque du Japon, ou singe des neiges, est réputé pour son habitude à prendre des bains dans les sources chaudes en plein hiver. Ce comportement ne manque pas d'interpeller tous ceux qui ont pu voir des images de petits macaques, fourrure couverte de neige, émergeant d'une eau vaporeuse. Bébé macaque à la fourrure couverte de rosée.

Macaque du Japon

Bébés animaux

Orang-outan

Le terme malais *« orang hutan »* signifie « homme de la forêt ». Ce primate à longs poils roux, endémique à Sumatra et Bornéo, est un proche parent de l'homme, d'une rare intelligence.

L'orang-outang présente une envergure de bras exceptionnelle. Un mâle peut étirer les bras jusqu'à 2 m, de l'extrémité des doigts d'une main à l'autre, soit une mesure bien plus conséquente que sa taille de 1,5 m debout. Lorsque l'orang-outang se tient debout, ses mains touchent presque le sol.

Bébés animaux

Une mère orang-outan a un lien étroit avec ses petits. Les jeunes restent à ses côtés jusqu'à l'âge de 6 ou 7 ans, jusqu'à ce qu'ils soient capables de survivre seuls. Une femelle se reproduit tous les 8 ans, soit la plus longue durée entre deux naissances du règne animal. Ce primate à l'espérance de vie assez longue peut vivre jusqu'à 60 ans en captivité.

Orang-outan

Bébés animaux

Le saïmiri vit dans la forêt tropicale humide amazonienne, en Amérique du Sud, et dans les plaines tropicales d'Amérique centrale. Le petit singe présente un poil gris, orangé au niveau des pattes, et une face blanche. La queue, plus longue que le corps, se termine par une pointe noire. Le saïmiri commun fait preuve de certains comportements curieux et inhabituels au sein de son groupe. Ce jeune s'agrippe fermement au dos de sa mère.

Saïmiri

Le saïmiri consomme des fruits, des insectes et de petits vertébrés, comme des grenouilles et des chauves-souris. Il se nourrit de différentes sortes de fruits tout au long de la journée, puis rôde dans la forêt tout le temps de la digestion des fruits, semant derrière lui dans ses excréments les graines non digérées, deux ou trois heures après son repas. Les graines ainsi évacuées germent et donnent de jeunes pousses qui participent à repeupler la forêt.

Bébés animaux

Bébés animaux

Vervet

Le vervet est distribué à travers toutes les régions de prairies, du sud du Sahara à la Somalie, et l'est à l'ouest de l'Afrique, où il élit domicile à proximité de l'eau, en lisière de savane et de forêts.

Il a de longs membres qui l'aident à se déplacer vite au sol. Des individus d'un même groupe peuvent avoir une fourrure de couleur différente, et ont en général un dos doré, une face noire, des membres gris et un ventre blanc.

Bébés animaux

Tatou

On compte 20 variétés de tatous et toutes, à l'exception d'une seule, vivent en Amérique latine. Le populaire tatou à neuf bandes est la seule espèce également représentée aux États-Unis.

Son nom espagnol, *armadillo*, signifie « petite armure », en référence aux plaques osseuses qui couvrent l'essentiel du dos, de la tête, des pattes et de la queue de cette étrange créature. Le tatou est le seul mammifère vivant doté d'une telle carapace. Ce petit tatou prend un bain de soleil.

Bébés animaux

Le sanglier vit au sein d'un groupe familial occupant un territoire de 10 à 20 km². À l'automne, ces groupes se rassemblent pour former des compagnies rassemblant jusqu'à 50 femelles et leurs petits. Une compagnie est menée par la plus âgée des laies. Ses membres se nourrissent et dorment ensemble. Les jeunes mâles forment un groupe de célibataires, mais les plus âgés restent solitaires, se joignant aux femelles à l'automne, pour la saison des amours. Après l'accouplement, le mâle retourne à sa vie solitaire.

Sanglier

Bébés animaux

Les marcassins naissent avec une robe rayée qui les aide à se camoufler dans les sous-bois. La portée reste dans le nid, ou chaudron, une dizaine de jours, avant de se joindre aux autres laies. Les petits tètent près de 12 semaines, jusqu'à leur sevrage complet, où ils commencent à fouir le sol aux côtés de leur mère. Leur robe prend une teinte brun gris terne vers l'âge de 6 mois. Ils demeurent avec leur mère environ six mois, au moins jusqu'à la naissance de la portée suivante. À 1 an, leur pelage se pare de riches nuances noires et brunes, et le jeune atteint sa taille adulte à l'âge de 6 ans.

Ce marcassin est heureux de fouiller la boue à la recherche de nourriture. En persévérant, il finira par trouver de quoi manger.

Sanglier

Bébés animaux

La chèvre, comme le mouton, compte parmi les premiers animaux domestiqués. Des ossements de chèvre ont été mis au jour sur des sites archéologiques dans l'ouest de l'Asie, remontant à près de 9 000 ans. Le mâle prend le nom de bouc et le petit celui de chevreau.

Elle possède un poil court ou long, bouclé, soyeux ou dru. Certains adultes ont des pampilles ou appendices poilus qui pendent au niveau du cou. D'autres ont une barbe. Leurs oreilles peuvent être dressées ou tombantes.

Chèvre

Bébés animaux

Bébés animaux

Chèvre

Chez la chèvre, la durée de gestation est de cinq mois. La femelle donne souvent naissance à des jumeaux ou des triplés. Les chevreaux sont sevrés entre 8 et 12 semaines. L'espérance de vie d'une chèvre est de 10 à 12 ans.

Bébés animaux

Cette espèce n'est pas une vraie chèvre, mais une proche parente, souvent décrite comme une « chèvre antilope ».

Au printemps, la femelle donne naissance à un chevreau (parfois deux) qui se met sur ses pattes quelques minutes après sa venue au monde. Cet animal mange herbe, plantes grasses, mousses et autres végétaux alpins.

Chèvre des montagnes Rocheuses

Ces caprins agiles occupent nombre de paysages alpins d'Amérique du Nord, souvent à haute altitude, de l'Alaska aux montagnes Rocheuses des États-Unis. L'animal possède des sabots fendus à deux doigts, qui s'écartent pour améliorer l'équilibre. De rugueux coussinets sous chaque doigt offrent une grande adhérence. Particulièrement leste, la chèvre des montagnes Rocheuses peut franchir 3,50 m d'un seul bond.

Bébés animaux

Mouton

Le mouton est un animal rustique. Il peut survivre sous des climats rudes, dans les régions froides, montagneuses ou les régions arides. Il se nourrit de différents types de graminées. Les moutons se déplacent en vastes groupes ou troupeaux. Traditionnellement, un troupeau est gardé par un berger et son chien. De nos jours, certains bergers utilisent des quads pour suivre les moutons dans leur transhumance, aidés de leurs dévoués chiens de berger.

Bébés animaux

Presque tous les agneaux naissent au printemps. Les brebis donnent généralement naissance à un ou deux petits. L'agneau reste avec sa mère jusqu'à l'âge de 5 mois environ. À 6 mois, un agneau est considéré comme pleinement développé. Il conserve néanmoins son statut d'agneau jusqu'à l'âge de 1 an. Un agneau identifie toujours sa mère à son bêlement.

Mouton

137

Bébés animaux

Le porc a été domestiqué depuis la nuit des temps. Ces relations avec l'homme remontent entre 5 000 et 7 000 ans. L'espèce a pour ancêtre le sanglier eurasien. Les porcelets sont intelligents et apprennent vite, bien plus vite que le chien. Le porc arrive au quatrième rang des animaux les plus intelligents, après le chimpanzé, le dauphin et l'éléphant. À 2 ou 3 semaines, un porcelet connaît son nom et répond quand on l'appelle.

Ce porcelet apprécie la vue au-delà de la clôture. Il attend d'être nourri.

Porc

Une truie peut donner naissance à une portée de 7 à 16 porcelets, environ deux fois par an. Un petit porc pèse près de 1,5 kg à la naissance et doublera de poids en seulement une semaine. Le sevrage intervient à 3 mois, mais les jeunes restent encore un peu auprès de leur mère. Deux truies ou plus se rassemblent pour former une famille élargie.

Les porcs sont des animaux sociaux. Ils entretiennent des liens étroits les uns avec les autres. Les porcs apprécient les contacts rapprochés et dorment les uns contre les autres. Ils grognent pour communiquer entre eux.

Bébés animaux

Porc

Le porc tolère mieux le froid que la chaleur. Le porc ne transpire pas car il ne possède pas de glandes sudoripares. Par forte chaleur, il se roule dans la boue pour se rafraîchir. La couche de boue séchée protège sa peau du soleil. Mais le porc est aussi bon nageur, et préférera toujours l'eau à la boue.

Bébés animaux

Le blaireau américain se rencontre essentiellement dans la région des grandes plaines d'Amérique du Nord. Il occupe aussi des zones plus au nord, notamment le centre des provinces canadiennes occidentales et des secteurs occidentaux des États-Unis et du Mexique.

Le blaireau américain est très joueur. Celui-ci saute sur le dos de sa mère, espérant la convaincre de jouer avec lui.

Blaireau

Le territoire du blaireau européen s'étend à travers toute l'Europe et l'Asie, de l'Angleterre au Japon, et de la Scandinavie à l'Italie. Ces animaux sont très sociaux et plusieurs générations partagent le même terrier et territoire. Certains de ces terriers auraient plus de 100 ans d'âge et un terrier forme un réseau de galerie de plusieurs centaines de mètres. Le blaireau est un omnivore qui apprécie un régime alimentaire varié, incluant légumes, fruits, noix, graines, et aussi un peu de viande. Le blaireau appartient à la famille des Mustélidés, comme la loutre, la belette, l'hermine, le furet et le putois.

Bébés animaux

L'histoire de la domestication du furet n'est pas très claire, mais il est probable que l'animal ait été domestiqué il y a près de 2 500 ans. L'animal est toujours utilisé pour la chasse au lapin dans certaines régions du monde, mais de plus en plus, le furet est apprécié comme animal de compagnie. Le furet est un proche cousin du putois sauvage.

Furet

La femelle du furet est appelée furette et son petit, fureton.

Le furet dort une grande partie de la journée, en général près de 18 heures. Naturellement actif à l'aube et au crépuscule, le furet sait adapter son temps de veille et de sommeil aux horaires et au rythme de son propriétaire.

Bébés animaux

Loutre d'Europe

La loutre d'Europe vit surtout en bordure de rivières et de lacs. Le poisson constitue l'essentiel de son alimentation, même si elle consomme aussi une large variété de proies, dont des oiseaux, des grenouilles et des crustacés.

La femelle donne naissance de un à quatre petits, qui tètent le lait de leur mère durant leur première année de vie. Leur mère leur apprend à nager vers l'âge de 2 mois, dès le développement d'une fourrure imperméable qui protège leur peau du contact de l'eau.

Bébés animaux

Caractérisé par des marques blanches à la pointe des oreilles et à l'extrémité du museau, le putois présente un long corps, des pattes courtes et des poils bicolores, jaune crème à la base, noirs aux extrémités, d'où son apparence brun foncé. Le putois est l'ancêtre direct du furet domestique.

La femelle putois donne naissance de 4 à 10 petits, qui ouvrent les yeux à 5 semaines. Leur pelage très clair à la naissance, s'assombrit progressivement. Le putois mène une existence assez solitaire.

Putois

Bébés animaux

La moufette, ou sconse, est réputée pour sa capacité à faire fuir les prédateurs, en sécrétant un liquide horriblement nauséabond, à l'odeur tenace. Ce liquide huileux est sécrété par ses glandes anales, logées sous sa large queue. Pour utiliser son arme secrète, la moufette tourne sur elle-même et projette un jet de liquide puant jusqu'à plus de 3 m.

Il en existe différentes sous-espèces, de taille variable (en général de celle d'un chat domestique) et au pelage présentant une large variété de motifs, rayé, tacheté ou spiralé, même si toutes arborent une robe noir et blanc caractéristique, alertant les prédateurs sur leur étonnant potentiel à nuire.

Moufette

La moufette niche généralement dans des terriers construits par d'autres animaux, mais elle ne rechigne pas à coloniser les souches creuses ou les habitations abandonnées. Sous les climats les plus froids, certaines moufettes hibernent plusieurs semaines dans leurs nids, au plus fort de l'hiver. Chaque femelle donne naissance de deux à dix petits par an.

Bébés animaux

Chat

Le chat est un des animaux de compagnie les plus populaires. On dénombre plus de 500 millions de chats domestiques à travers le monde et ces animaux sont associés à l'homme depuis près de 10 000 ans.

Le chat économise son énergie en dormant de 13 à 14 heures par jour. Un chat mâle non castré est appelé matou, la femelle, chatte et le petit, chaton.

Bébés animaux

Chat

Les chatons excellent dans les parodies de chasse et de bagarre. Le jeu chez les chatons serait une façon d'apprendre et de s'entraîner à leur future vie de chasseur et aux affrontements en période de reproduction.

Bébés animaux

Suricate

Le suricate est un animal grégaire, souvent observé en groupes, alors que plusieurs familles cohabitent parfois au sein d'une vaste communauté. Le suricate est une mangouste, réputé pour sa capacité à se dresser sur ses pattes postérieures. Posté ainsi, il surveille le paysage de ces plaines du sud de l'Afrique où il vit. Les mères peuvent allaiter dans cette position.

Bébés animaux

Suricate

Les groupes de suricates utilisent différents terriers et se déplacent de l'un à l'autre. Chaque terrier forme un vaste de réseau de galeries et de chambres, toujours fraîches en dépit de l'ardent soleil africain. Les femelles donnent naissance de deux à quatre petits par an, dans un des terriers du groupe. Les pères et les sœurs participent à l'élevage des jeunes suricates, leur enseignant à jouer, à chercher de la nourriture, tout en les éduquant au danger omniprésent, susceptible de s'abattre du ciel. Les jeunes suricates craignent à ce point les oiseaux prédateurs, que même les avions les conduisent à plonger à couvert.

Bébés animaux

Le chien fut probablement le premier animal domestiqué. Il accompagne l'homme depuis près de 10 000 ans. Certains scientifiques affirment que tous les chiens ont comme ancêtre commun le petit loup d'Asie du Sud.

Aujourd'hui les hommes ont croisé des centaines de races différentes de chiens domestiques, dont certaines ne pourraient survivre à l'état sauvage. En dépit de leur variété de silhouettes et de tailles, tous les chiens domestiques, du Terre-Neuve au carlin, sont membres de la même espèce.

Chien

Bébés animaux

Chien

De nombreux chiens enterrent des os ou leurs jouets, comme leurs cousins sauvages, enterrant une carcasse en prévision de jours sans viande.

Le chien domestique est plus qu'un simple compagnon. Certains surveillent les troupeaux, d'autres assistent les chasseurs, gardent les habitations, coopèrent avec la police ou les services de secours. Certains sont également entraînés pour guider les non-voyants.

Bébés animaux

Le raton laveur commun est un animal rencontré presque partout en Amérique du Nord. Il se nourrit de tout. Ce mammifère occupe les forêts, les régions de marécages, les prairies, et même les villes. Doté d'un grand pouvoir d'adaptation, il utilise ses habiles pattes antérieures aux longs doigts pour dénicher et se régaler d'une large variété de friandises.

Cet animal à la queue annelée est aussi un opportuniste dans le choix de son habitation. Il peut occuper un trou dans un tronc d'arbre, une souche creuse ou le grenier d'une maison. La femelle donne naissance de un à sept petits, au début de l'été. Les jeunes passent les deux premiers mois ou plus de leur vie perchés dans le trou d'un tronc d'arbre. Plus tard, les petits descendent au sol avec leur mère, dès qu'ils sont capables de sortir seuls en exploration.

Raton laveur commun

Bébés animaux

Le coyote moderne a su s'adapter aux changements du paysage américain. Membres de la famille des Canidés, les coyotes vivaient autrefois surtout dans les prairies ouvertes et les déserts. Désormais, ils occupent les forêts et les montagnes du continent. Ils ont même colonisé certaines villes, comme Los Angeles, et se rencontrent aujourd'hui un peu partout en Amérique du Nord. La population de coyotes n'a subi aucun déclin.

Coyote

Les coyotes forment des groupes familiaux soudés. Au printemps, la femelle construit une tanière et donne naissance à une portée de 3 à 12 petits.
Les deux parents nourrissent et protègent leur progéniture et leur territoire.
Les petits sont capables de chasser seuls dès l'automne suivant.

Bébés animaux

Le renard roux vit un peu partout à travers le monde, dans divers habitats, dont les forêts, les prairies, les montagnes et les déserts. L'animal est bien adapté aux environnements humains, comme les terres agricoles, les zones suburbaines et même les grandes agglomérations. Plein de ressources, le renard roux est depuis toujours réputé pour son intelligence et sa ruse.

Renard

Bébés animaux

Renard

En hiver, les renards se retrouvent pour s'accoupler. La renarde donne généralement naissance à une portée de 2 à 12 renardeaux, au pelage encore brun ou gris. Le pelage vire au roux après un mois, même si certains renards arborent une robe dorée, brun roux, argentée ou noire. Les deux parents veillent sur leurs petits tout au long de l'été, avant qu'ils soient capables de se débrouiller seuls l'automne venu.

Bébés animaux

Hyène

La hyène est un animal charognard réputé, consommant souvent les carcasses abandonnées. Mais ces bêtes robustes ont aussi de redoutables talents de chasseurs, capables d'attraper gnous et antilopes. Elles tuent et consomment également oiseaux, lézards, serpents et insectes.

La hyène possède une excellente ouïe et une vision affûtée, de jour comme de nuit. Rapide, elle peut courir sur de longues distances. Les meutes travaillent ensemble pour isoler un animal souvent faible ou malade, avant de le poursuivre pour le tuer. Les dominants se bagarrent souvent autour d'une carcasse, entre eux ou avec des animaux plus puissants, comme les lions.

Bébés animaux

Le loup est connu pour ses hurlements, utilisés pour communiquer. Un loup solitaire hurle pour attirer l'attention de sa meute, alors que les hurlements poussés par la communauté sont destinés à faire passer des messages territoriaux d'une meute à une autre. Certains hurlements visent la confrontation. Comme l'aboiement chez le chien domestique, le hurlement chez le loup peut débuter en réponse au hurlement d'un loup voisin.

Loup

Bébés animaux

Le loup vit et chasse en meute de six à dix individus. La meute peut parcourir jusqu'à 20 km en une seule journée. Ces animaux sociaux coopèrent dans la traque de leurs proies préférées, de grands herbivores comme le cerf, l'élan et le renne. Leur proie capturée, les loups la dévorent sans modération. Un loup peut consommer jusqu'à 9 kg de viande en un seul repas. L'animal se nourrit aussi de petits mammifères, d'oiseaux, de poissons, de lézards, de serpents et de fruits.

Ce jeune loup apprendra tout ce qu'il lui faudra savoir dans sa vie d'adulte en observant et en imitant sa mère.

Loup

Bébés animaux

La gerbille est un petit rongeur du désert, rencontré dans toutes les régions chaudes et arides d'Afrique et d'Asie. La gerbille possède de gros yeux, ainsi que de puissantes et longues pattes postérieures qui l'aident à bondir. Elle mesure 7,6 à 12,7 cm de long, sans compter sa longue queue touffue. Son pelage peut être sable, gris, brun ou roux, avec un ventre blanc. Presque toutes les espèces sont nocturnes et toutes vivent dans des terriers.

Gerbille

Son alimentation consiste en graines et céréales. Elle consomme aussi des plantes du désert, d'où elle tire l'eau nécessaire à sa survie. Elle a tendance à accumuler de la nourriture. Ces derniers temps, la gerbille est devenue un animal de compagnie populaire, appréciée car ne dégageant aucune odeur désagréable, facile à élever et de tempérament doux. Une femelle peut donner naissance à 15 portées dans sa vie, de chacune dix petits au plus.

Bébés animaux

Le hamster collecte et conserve sa nourriture à l'intérieur de ses joues. À l'état sauvage, le hamster se dissimule dans des terriers pour échapper aux prédateurs. L'animal est originaire des déserts d'Asie. Son espérance de vie est de 2 à 3 ans, mais certains vivent jusqu'à 4 ans.

Hamster

Le hamster naît dépourvu de poils et aveugle, dans un nid préparé à l'avance par la mère. Une semaine plus tard, le petit commence à s'aventurer hors du nid. Les jeunes sont sevrés à 3 semaines.

Bébés animaux

Le cochon d'Inde est un rongeur, à l'origine natif d'Amérique du Sud. Il est connu en Amérique sous le nom de cobaye sauvage. Le mâle est en général un peu plus gros que la femelle.

Les petits naissent les yeux ouverts et sont déjà dotés d'un pelage. Très petit à leur naissance, ils se développent rapidement. Un petit peut commencer à courir quatre heures après sa naissance.

Cochon d'Inde

Le cochon d'Inde est un animal de compagnie idéal pour les enfants, qui ne mord pas et ne gratte pas comme les autres rongeurs. Ses dents ne cessent de pousser avec l'âge, d'où l'intérêt de tenir à disposition du cochon d'Inde jouets et petites branches à mâchonner, afin de limiter cette croissance.

Bébés animaux

Hérisson

Le hérisson est un animal nocturne qui fouille haies et sous-bois à la recherche de petites créatures constituant l'essentiel de son régime alimentaire, avec une préférence pour les insectes, vers, mille-pattes, escargots, souris, grenouilles et serpents. Un hérisson qui fouille une haie émet de petits grognements, comparables à ceux d'un cochon.

Bébés animaux

Il possède une robe faite de piquants durs et acérés. En cas d'attaque, il se roule en boule, piquants hérissés. C'est dans cette position qu'il dort le jour, avant de s'éveiller à la nuit tombée pour se mettre en quête de nourriture.

Hérisson

Animal solitaire, il part à la rencontre de ses congénères uniquement pour s'accoupler. Des petits naissent chaque année, de portées comptant de 1 à 11 individus. Les petits restent auprès de leur mère quatre à sept semaines.

Bébés animaux

Animal emblématique des prairies d'Amérique du Nord, ce rongeur de la taille d'un lapin vit dans des terriers, formant un formidable réseau de galeries et de chambres, dont les entrées sont signalées en surface par des monticules de terre. Les terriers abritent une nursery, des quartiers réservés au repos et des toilettes. Des guetteurs sont postés aux abords de chaque sortie, pour surveiller l'arrivée d'éventuels prédateurs. Un chien de prairie consacre beaucoup de temps à la construction et à l'entretien des terriers.

Chien de prairie

Bébés animaux

Lapin de garenne

Originaire du nord-ouest de l'Afrique, de l'Espagne et du Portugal, ce lapin est aujourd'hui distribué à travers presque toute l'Europe. Il a été introduit dans de nombreux pays et îles, dont l'Australie, la Nouvelle-Zélande et le Chili.

L'animal occupe une large variété d'habitats, des terres agricoles aux landes, en passant par les régions boisées et les dunes de sable.

Bébés animaux

Bébés animaux

Lapin de garenne

Les lapereaux naissent dans un terrier peu profond, la rabouillère, creusé par la lapine, puis bouché et débouché à chaque fois qu'elle en sort et y pénètre. La femelle construit son nid à l'aide d'herbe, de brindilles, et de poils de son poitrail. Les deux à huit lapereaux de la portée naissent aveugles, sourds et sans poils. Ils arborent un pelage au huitième jour et ouvrent les yeux deux jours plus tard. À 2 semaines, le petit s'aventure hors du terrier et commence à manger de la nourriture solide. Il sera sevré et indépendant à un mois.

Chapitre 2
Marsupiaux

Les femelles marsupiaux se caractérisent par leur poche ventrale. Elles donnent naissance à des petits vivants, mais leur durée de gestation est bien plus courte que celle des autres mammifères. Elles mettent bas assez tôt et leur petit remonte du canal utérin vers les mamelles de la poche ventrale, où il se fixe par la bouche et poursuit son développement, durant des semaines ou des mois, selon les espèces. Cette courte durée de gestation tient à la nature du placenta des femelles marsupiales, appelé placenta vitellin. Chez les femelles mammifères à placenta

Marsupiaux

fœtal, l'embryon puise ses nutriments d'un échange avec le sang de la mère, ce qui allonge la durée de gestation.

PAGE CI-CONTRE : le diable de Tasmanie est un animal querelleur, doté d'une fourrure aux poils drus, bruns ou noirs, à la silhouette massive.

CI-DESSUS : le kangourou arboricole est lent et maladroit au sol, mais audacieux et agile dans les arbres.

Les marsupiaux sont recouverts de poils. La mère allaite ses petits, et un jeune kangourou peut encore téter sa mère alors qu'il présente une taille presque aussi grande que la sienne.

Le seul marsupial présent à l'état sauvage aux États-Unis est l'opossum. Durant le Mésozoïque, les marsupiaux étaient très représentés en Amérique du Nord, et bien plus nombreux que les mammifères placentaires. Ils y restèrent jusque vers le milieu ou la fin du Tertiaire.

Bébés animaux

En Amérique du Sud et en Australie, les marsupiaux forment encore un groupe d'animaux terrestres important. Plusieurs espèces rencontrées en Amérique du Sud sont proches de l'opossum nord-américain. Les marsupiaux d'Amérique du Sud commencèrent à s'éteindre vers la fin du Miocène et le début du Pliocène, à la formation d'un pont de terre avec l'Amérique du Nord, autorisant le passage des mammifères placentaires vers l'Amérique du Sud. En Australie, les marsupiaux sont largement diversifiés et représentent les mammifères endémiques dominants. Le groupe inclut plusieurs espèces de kangourous, le koala, le diable de Tasmanie, le wombat et d'autres mammifères australiens emblématiques. Très récemment encore, le loup marsupial, ou thylacine, faisait partie du groupe. Mais comme le quagga, l'espèce est aujourd'hui éteinte. Le dernier individu fut aperçu en Tasmanie, dans les années 1950.

Si les marsupiaux ne regroupent plus aujourd'hui autant d'espèces que les autres mammifères, toutes ces espèces sont néanmoins très différentes – des quadrupèdes de taille réduite, comme la taupe marsupiale, aux grands kangourous bipèdes.

Il existe de nombreux cas d'évolution convergente, entre marsupiaux et autres mammifères, où les deux animaux ont évolué pour occuper la même niche écologique, dans différentes régions du monde. On rencontre ainsi des formes creusant des terriers, broutant, planant et même des formes à long museau consommant des fourmis, ayant évolué indépendamment dans les deux groupes.

CI-CONTRE : les marsupiaux comme le kangourou et le koala donnent naissance à des petits encore au stade d'embryon. Le petit remonte dans la poche ventrale où il s'accroche à une mamelle pour téter et poursuivre son développement.

Marsupiaux

Bébés animaux

Kangourou

Les kangourous sont des marsupiaux rencontrés en Australie et en Nouvelle-Guinée. Ils possèdent de puissantes pattes postérieures, bâties pour bondir et sauter. Un kangourou peut bondir très haut, jusqu'à trois fois sa propre hauteur. La queue de l'animal l'aide à maintenir son équilibre.

À sa naissance, le bébé kangourou est un minuscule animal à peine développé, qui s'empresse de grimper dans la poche marsupiale de sa mère pour trouver une mamelle et téter son lait. Plusieurs mois s'écoulent avant que le petit kangourou se couvre d'un pelage et soit suffisamment mature pour s'aventurer hors de la poche protectrice de sa mère. Chez le kangourou gris cela prend neuf mois !

Bébés animaux

Le kangourou vit au sein d'un groupe rassemblant une dizaine d'individus, mâles et femelles. Le plus âgé et le plus gros des mâles prend la tête du groupe. Il est aussi le seul à s'accoupler avec les femelles de son groupe.

Les kangourous mâles pratiquent la boxe, pour jouer, asseoir leur statut de dominant ou lors de rivalités entre mâles en période de reproduction. Les coups portés avec leurs pattes antérieures sont relativement inoffensifs, mais leurs puissantes pattes postérieures, dotées de longues griffes, constituent des armes redoutables.

Ce jeune kangourou trouve protection et sécurité auprès de sa mère.

Kangourou

Bébés animaux

Koala

Le koala vit dans l'est de l'Australie, là où abondent les eucalyptus, dont les feuilles constituent son mets préféré. Cet animal quitte rarement ces arbres.

Souvent comparé à un petit ours, cet animal est en réalité un marsupial, ou mammifère à poche. Après la mise bas, la femelle koala transporte son petit dans sa poche ventrale durant près de six mois. Lorsque le petit koala émerge enfin de la poche, il grimpe sur le dos de sa mère ou s'accroche à son ventre, l'accompagnant ainsi partout, jusqu'à sa première année.

Bébés animaux

La journée, le koala somnole, blotti à la fourche ou dans le creux d'un arbre, où il peut dormir jusqu'à 18 heures. Lorsqu'il ne dort pas, il se nourrit de feuilles d'eucalyptus, surtout la nuit. Le koala, qui ne boit pas beaucoup, tire des feuilles l'essentiel de l'eau nécessaire à sa survie. Chaque animal peut consommer jusqu'à 1 kg de feuilles par jour, ce qui est considérable pour sa taille. Il conserve des feuilles à mâcher dans le creux de ses joues.

Koala

Bébés animaux

L'opossum est le seul marsupial (mammifère à poche) rencontré aux États-Unis et au Canada.

Une femelle donne naissance à un bébé sans défense, à peine plus gros qu'une abeille. Le bébé grimpe dans la poche de sa mère, où il poursuit son développement. En grandissant, il s'aventure hors de la poche et voyage même sur le dos de sa mère lorsqu'elle chasse, en quête de nourriture.

Opossum

Bébés animaux

Couscous

Le couscous, endémique d'Australie, est un petit marsupial au pelage brun ou gris, de la taille variant de celle d'une petite souris à celle d'un chat. Toutes les espèces sont nocturnes et omnivores. La journée, le couscous reste caché dans son nid, à l'abri d'un tronc creux, d'où il émerge la nuit, à la recherche de nourriture. Comme chez tous les marsupiaux, les petits se développent à l'intérieur de la poche de leur mère.

Bébés animaux

Bébés animaux

Diable de Tasmanie

Le diable de Tasmanie est le plus gros marsupial carnivore au monde, mesurant jusqu'à 76 cm de long et pesant jusqu'à 12 kilos. Il est doté de dents robustes et acérées, mais aussi de puissantes mâchoires, capables de délivrer la plus redoutable des morsures, comparativement à sa taille.

Après trois semaines environ de gestation, la femelle donne naissance à une portée de 20 à 30 bébés, qui s'accrochent à son pelage pour rejoindre la poche ventrale. La femelle ne possédant que quatre mamelles, seuls quelques petits survivent. Les jeunes émergent de la poche vers quatre mois et sont sevrés vers six mois. Un petit est apte à vivre seul à huit mois.

Bébés animaux

Wombat

Le grand et grassouillet wombat est un marsupial originaire d'Australie et distribué sur les îles proches. Comme chez tous les marsupiaux, la femelle donne naissance à de minuscules petits, à peine développés qui rejoignent les mamelles de leur mère, dans la poche ventrale. Un petit wombat émerge de la poche vers cinq mois, mais n'hésitera pas plus tard à y revenir, pour téter ou échapper à un danger. Vers sept mois, un jeune wombat est capable de se débrouiller seul.

Chapitre 3
Mammifères marins

Les mammifères marins ont évolué à partir des mammifères terrestres, en effectuant un retour vers l'océan. L'éléphant et d'autres animaux terrestres comptent parmi leurs ancêtres. Les mammifères marins répondent à tous les critères définissant un mammifère : pelage, sang chaud, poumons, glandes mammaires, viviparité et mâchoire articulée. La spécificité des mammifères marins tient au fait qu'ils parviennent à maintenir leur température et qu'ils sont parfaitement adaptés à la nage.

Les mammifères marins ont développé une façon de maintenir leur température corporelle à travers un ingénieux système

Mammifères marins

PAGE CI-CONTRE : le grand dauphin est probablement le plus connu des dauphins océaniques.

CI-DESSUS : l'orque est un membre de la famille du dauphin océanique.

de circulation du sang dans les artères et les veines. Mais ils possèdent aussi une épaisse fourrure dotée d'une sous-couche imperméable et/ou une épaisse couche de graisse. La graisse agit comme un isolant, une réserve de nourriture, et participe à

Bébés animaux

améliorer leur flottabilité. Ces adaptations à la déperdition de chaleur conduisent les animaux qui passent un certain temps hors de l'eau à souffrir de la chaleur. Afin de prévenir un coup de chaleur, phoques ou lions de mer nagent à fleur d'eau tout en battant des nageoires antérieures en l'air. Ils s'aspergent de sable sur les plages, pour protéger leur peau du soleil.

Les mammifères marins sont souvent des animaux sociaux. Les dauphins se déplacent en bancs et suivent souvent le sillage des bateaux. Ces mammifères sont connus pour s'entraider lorsqu'un des membres du groupe est blessé. Baleines et dauphins chassent souvent ensemble, alors qu'un individu prend la tête du groupe et agit tel un éclaireur lorsqu'ils pénètrent un territoire inconnu.

De nombreux mammifères marins obéissent à une migration annuelle, en groupe ou individuelle. Les odontocètes (cétacés à dents) font exception à la règle et ne se déplacent que pour chercher de la nourriture, mais certaines baleines à fanons (comme la baleine grise) entreprennent de très longues migrations, quittant les eaux tropicales où elles se reproduisent en hiver pour chasser dans les eaux froides en été.

Le morse vit dans l'hémisphère nord, dans la région du pôle Nord et de l'océan Arctique.

Mammifères marins

Bébés animaux

Réputé pour son intelligence, le grand dauphin est l'animal emblématique des parcs d'attractions marins. Son long bec courbe lui donne une sorte de sourire permanent. Il peut être dressé pour accomplir des tours difficiles.

À l'état sauvage, ces nageurs peuvent atteindre les 30 km/h. Ils refont surface toutes les deux à trois minutes pour respirer. Le grand dauphin peuple les eaux tempérées et tropicales – des profondeurs océaniques aux eaux portuaires, en passant par les baies et les estuaires.

Grand dauphin

Le dauphin se déplace au sein d'un groupe social et communique avec ses congénères à l'aide d'un répertoire complexe de clics et de sifflements.

Comme presque tous les mammifères, le grand dauphin donne naissance à des petits vivants. Un nouveau-né rejoint sans attendre la surface pour respirer, aidé de sa mère. Il tète en surface, alors que sa mère se tourne sur le côté, pour permettre à son petit de respirer plus facilement pendant la tétée.

Bébés animaux

Membre aquatique de la famille des Mustélidés, la loutre de mer est présente des côtes de l'océan Pacifique de l'Amérique du Nord et de l'Asie. Elle passe l'essentiel de son temps dans l'eau, mais en certains endroits, elle rejoint la terre ferme pour dormir. Elle a des pieds palmés, une fourrure imperméable, ainsi que des oreilles et des narines qui s'obstruent lorsqu'elle est dans l'eau.

Loutre de mer

La loutre de mer est la seule loutre à mettre bas dans l'eau. La mère allaite ses petits en flottant sur le dos. Elle les porte sur sa poitrine pour les nourrir et leur enseigne rapidement à nager et à chasser.

La loutre de mer procède toujours à une toilette méticuleuse. Après chaque repas, elle se lave dans l'océan, puis lisse sa fourrure, aidée de ses dents et de ses pattes. Un entretien indispensable pour conserver les qualités de cette fourrure imperméable qui la protège aussi du froid.

Bébés animaux

Béluga

Aussi appelé baleine blanche, le béluga est un des cétacés les plus familiers et les plus faciles à identifier, en raison de sa couleur inhabituelle. Le baleineau, gris ou même brun à la naissance, vire au blanc à sa maturité, vers l'âge de 5 ans. Baleine commune dans les eaux côtières de l'océan Arctique, le béluga se rencontre également dans les eaux subarctiques.

Le béluga vit généralement au sein de petits groupes ou bancs. Animal social, particulièrement bavard, il fait appel à un répertoire varié de clics, sifflements et claquements. Le béluga peut aussi imiter une large variété d'autres sons.

Bébés animaux

Baleine à bosse

La baleine à bosse est connue pour son chant mystérieux, parcourant de longues distances, à travers les eaux des océans du monde. Ces chants composés de séquences de gémissements, mugissements, cris et autres sons se révèlent des plus complexes et peuvent se prolonger des heures.

Ces baleines se trouvent à proximité des côtes, où elles se nourrissent de krill, de plancton et de petits poissons. Une baleine à bosse entame une migration chaque année, quittant les eaux nourricières près des pôles où elle passe l'été, pour rejoindre en hiver des eaux plus chaudes, au large de l'Équateur, où elle se reproduit. Une mère et son baleineau nagent de concert, proches l'un de l'autre au point de se frôler de leurs nageoires, dans ce qui semble être un geste d'affection. Les femelles allaitent leur baleineau près d'un an, mais il faut bien plus longtemps à un jeune pour atteindre sa maturité. Le baleineau ne cessera de se développer jusqu'à l'âge de 10 ans.

Bébés animaux

L'orque, ou baleine tueuse, est le plus grand des dauphins et l'un des prédateurs les plus puissants au monde. Il se nourrit de mammifères marins, comme les phoques, les otaries et même les baleines. Il consomme aussi poissons, calmars et oiseaux marins.

Il peuple de préférence les eaux côtières froides, mais l'orque se rencontre des régions polaires à l'Équateur.

L'orque protège son petit et d'autres jeunes femelles aident souvent à l'élevage et aux soins prodigués par la mère. La femelle donne naissance à un petit tous les trois à sept ans, après une durée de gestation de 17 mois.

L'orque est reconnaissable à sa livrée noir et blanc. Animal intelligent, il fait le bonheur des parcs d'attractions marins, une fois dressé. L'orque n'a jamais été chassée de façon extensive par l'homme.

Orque, baleine tueuse

Bébés animaux

Le phoque vit aussi bien au pôle Nord qu'au pôle Sud et parcourt les océans Atlantique et Pacifique. Il passe la majorité de son temps dans l'eau, à la recherche de nourriture ou de plateformes de glace flottantes, où il se reproduit, donne naissance à ses petits et les élève.

Le phoque se nourrit essentiellement de poissons, mais consomme aussi calmars, crustacés, krill ou moules. Pour trouver sa nourriture, l'animal peut plonger jusqu'à 300 m et fouiller le plancher océanique.

Phoque

Bébés animaux

Cette otarie est souvent aperçue dans les cirques, une balle en équilibre au bout du museau. À l'état sauvage, cet animal fuselé se montre plus rapide dans l'eau que toute autre otarie et même que le phoque. Cette espèce d'otarie dotée de petites oreilles peut atteindre une vitesse de 40 km/h.

On peut observer de vastes colonies, rassemblées sur les côtes rocheuses, parfois même le long d'ouvrages réalisés par l'homme, pour se reproduire et mettre bas. Les mâles réunissent des harems de femelles qui perpétueront l'espèce. Les petits naissent sur la terre ferme.

Otarie de Californie

Chapitre 4
Oiseaux

Les oiseaux sont des vertébrés à sang chaud ovipares, possédant deux pieds. Il existe 9 000 à 10 000 espèces d'oiseaux à travers le monde. Ils se caractérisent par leurs plumes, leur bec édenté, la ponte d'œufs à coquille dure, un métabolisme élevé, un cœur à quatre chambres et un squelette léger, mais robuste. La plupart des oiseaux présentent des membres antérieurs modifiés en ailes et peuvent voler, même si certaines espèces ont perdu leur aptitude au vol. Ils pondent et couvent leurs œufs dans des nids, et prennent même soin de leurs œufs après l'éclosion. Presque tous les oiseaux migrent vers des contrées lointaines chaque année, mais certains se contentent de parcourir de plus petites distances. Ces animaux sociaux communiquent à l'aide de signaux visuels, d'appels et de chants.

Oiseaux

Certains oiseaux n'utilisent pas leurs ailes pour voler. Ils sont plusieurs à ne pas ou très peu s'en servir, comme l'autruche, le kiwi et l'émeu. Le manchot possède des plumes et des ailes, mais ces dernières lui servent à nager et à se diriger dans l'eau. D'autres ne volent que rarement ou ne parcourent pas de longues distances, comme le paon.

L'huîtrier possède un long bec fin pour déterrer les vers et ouvrir les coquillages.

Presque tous les colibris battent des ailes bien plus vite que n'importe quel oiseau, avec près de 50 battements par seconde.

Pour communiquer, les oiseaux utilisent chants et appels, spécifiques à chaque espèce et aux significations variées. Les oiseaux sont des animaux sociaux qui aiment travailler ensemble,

Bébés animaux

et qui se réunissent pour trouver protection et compagnie au sein d'un groupe. Un oiseau peut utiliser son corps pour communiquer (danses nuptiales).

Chez l'oiseau, la forme du bec dépend de son régime alimentaire. Un carnivore ou un rapace, comme le pygargue à tête blanche, possède un bec crochu acéré qui l'aide à déchirer la chair des proies dont il se nourrit. Des oiseaux qui vivent sur l'eau, comme le canard et le cygne, ont des becs plats arrondis, afin de fouiller les plans d'eau et la vase, à la recherche de végétaux. Les oiseaux qui mangent des insectes, comme les passereaux, sont dotés d'un bec court et pointu.

CI-DESSOUS : le manchot ne vole pas, mais il utilise ses ailes pour nager.

PAGE CI-CONTRE : l'autruche ne vole pas, mais ses longues pattes lui permettent de courir très vite.

Oiseaux

Bébés animaux

Poulet

Le poussin éclôt après une période d'incubation de 21 jours. Alors qu'il est encore dans l'œuf, le poussin se développe jusqu'à occuper tout l'espace disponible, à l'exception de la chambre à air. Un poussin peut respirer avant d'éclore. Une coquille d'œuf présente près de 8 000 pores, assez gros pour permettre un échange d'oxygène et de gaz carbonique.

Bébés animaux

Bébés animaux

Poulet

Bébés animaux

Le petit du canard est appelé caneton. Ici, un caneton sauvage, ou colvert. Le canard est oiseau aquatique, nettement plus petit que ses cousins les cygnes et les oies, qui fréquente les eaux douces et salées. La femelle est qualifiée de cane.

Bébés animaux

Canard

Bébés animaux

Canard

Il se nourrit d'herbes, plantes aquatiques, poissons, insectes, vers et petits mollusques. Les canards plongeurs et marins fouillent la vase à grande profondeur, et le canard siffleur se nourrit en surface et sur la terre ferme.

Bébés animaux

L'eau est le domaine de l'oie. Presque toutes les oies possèdent des pieds palmés, un corps fuselé et un plumage épais qui améliore leur flottabilité. Cet oiseau de taille moyenne à imposante migre sur de longues distances, des sites d'hivernage aux sites de reproduction. Toutes les oies sont végétariennes et privilégient herbes, graines et céréales.

Les oies forment un couple pour la vie, même si un petit nombre se sépare et part en quête d'un nouveau partenaire. La femelle pond peu d'œufs et les deux parents veillent à la protection du nid et de leur progéniture.

Oie

Bébés animaux

246

Oie

247

Bébés animaux

Le cygne regroupe sept espèces d'oiseaux aquatiques, constituant un groupe distinct de la famille des canards. Les cygnes sont plus gros que les oies et se reconnaissent à leur long bec courbe. Réputé pour ses gracieuses évolutions dans l'eau, le cygne a fait l'objet de nombreux poèmes, contes, légendes et compositions musicales.

Cygne

Un cygne peut vivre jusqu'à 35 ans et forme un couple pour la vie. Le cygne est soucieux de sa progéniture, comme le montre ici cette mère veillant sur ses petits. Les cygnons peuvent nager et se nourrir seuls dès leur éclosion, mais ils restent près de neuf mois aux côtés des adultes.

Bébés animaux

Le cygne noir est un oiseau commun des régions côtières et humides du sud de l'Australie, où il niche dans les marais et les estuaires des rivières. Peu rencontrée dans les régions sèches du centre et les zones tropicales du nord de l'Australie, l'espèce est totalement absente de la péninsule du cap York.

L'oiseau a pour habitats privilégiés les vastes étendues d'eau salée, les lacs aux eaux saumâtres ou douces, les mares et les cours d'eau tranquilles, où il se nourrit de jeunes pousses et trouve de quoi bâtir son nid. Il occupe aussi les terres inondées, les marais et les lagons côtiers.

Cygne noir

251

Bébés animaux

Cet oiseau blanc aux longues pattes se rencontre à travers le monde.

La grande aigrette niche dans les arbres, près de l'eau, et forme des colonies, incluant parfois d'autres espèces d'aigrettes ou des hérons. L'oiseau est monogame et les deux parents couvent leurs trois ou quatre œufs. Les jeunes sont agressives l'un envers l'autre au sein du nid, et un oisillon plus robuste tue souvent un congénère plus faible.

Grande aigrette

Bébés animaux

La cigogne est un échassier aux longues pattes et au long cou, doté d'un bec épais. Elle se rencontre dans la plupart des régions chaudes et a tendance à vivre dans les habitats secs. Presque toutes les cigognes consomment grenouilles, insectes, vers de terre, petits oiseaux ou mammifères.

Leurs nids, souvent imposants, sont parfois utilisés durant plusieurs années. Certaines de ces constructions dépassent 2 m de diamètre et près de 3 m de profondeur.

Cigogne

Bébés animaux

Grue du Canada

Cette espèce est la plus commune des grues. Elle vit dans les zones humides d'eau douce. Consommatrice opportuniste, la grue du Canada apprécie plantes, graines, souris, serpents, insectes ou vers.

La grue du Canada niche dans des zones de marais où elle utilise les plantes pour bâtir son nid. Une femelle pond le plus souvent deux œufs, couvés par les deux parents. Le mâle a pour mission de défendre le nid.

Bébés animaux

Autruche

L'autruche est un oiseau coureur et le plus gros représentant du genre sur Terre. Elle occupe les savanes africaines et les terres désertiques.

L'autruche vit au sein de petits groupes, rassemblant en moyenne une dizaine d'individus. Toutes les femelles du groupe pondent leurs œufs dans le nid de la femelle dominante – mais ses œufs occupent néanmoins le centre du nid. La femelle dominante et le mâle couvent chacun leur tour ces œufs géants, chacun d'eux pesant autant qu'une douzaine d'œufs de poule.

Bébés animaux

Autruche

Contrairement à la croyance populaire, l'autruche n'enfouit pas sa tête dans le sable. Cette légende est probablement née de l'observation d'un des comportements de défense de l'oiseau. À l'approche d'un danger, l'autruche se baisse et plaque son long cou au sol, afin de se dissimuler le plus possible. Son plumage se confond avec le sol et de loin, elle peut donner l'impression d'avoir enfoui sa tête dans le sable.

Bébés animaux

Chouette

PAGE CI-CONTRE : deux chouettes effraies. Les chouettes appartiennent à un groupe d'oiseaux connus pour leurs cris particuliers, leurs habitudes nocturnes et leur vol silencieux. Ce sont des animaux familiers pour l'homme.

CI-DESSUS : grand-duc d'Amérique. Les chouettes font appel à une large variété de sons. Leur hululement familier est un moyen de revendiquer un territoire, mais certaines espèces ne hululent pas. Les chouettes utilisent aussi des cris stridents, des sifflements et des hurlements.

Bébés animaux

Chouette

Petites chouettes hulottes. Les chouettes de cette espèce, aussi appelées chat-huant, sont pour la plupart nocturnes, ce qui leur permet de ne pas entrer en compétition avec des prédateurs diurnes. Si presque toutes les chouettes se nourrissent la nuit, certaines cherchent leur pitance en journée. D'autres, comme la chevêchette, attendent le crépuscule ou l'aube.

Bébés animaux

De nombreuses espèces de perroquets ont un statut d'animal de compagnie, notamment l'ara, la callopsitte élégante et le cacatoès. Ces oiseaux sont appréciés de l'homme pour leur intelligence, leur charme, leurs couleurs et leurs chants. Certaines espèces parviennent à imiter des bruits qui n'appartiennent pas au répertoire aviaire, y compris la parole.

Perroquet

Bébés animaux

Les perroquets vivent sous les climats chauds, dans presque toutes les régions du monde. La plus grande diversité se rencontre en Australasie, en Amérique centrale et en Amérique du Sud. Presque tous consomment fruits, fleurs, bourgeons, noix, graines et de petites créatures, comme les insectes.

Perroquet

Bébés animaux

Goéland

PAGE CI-CONTRE : petit goéland cendré. Les goélands rassemblent des espèces de petite ou grande taille. Plusieurs espèces vivent sur les îles une partie de l'année, certaines ne sont que marines. Presque tous présentent un plumage gris, noir et blanc à l'âge adulte, mais largement marqué de différentes nuances de brun chez les jeunes immatures, de 1 à 4 ans.

CI-DESSOUS : trois petits goélands dominicains. À l'âge adulte, l'oiseau possède de longues ailes effilées qui expliquent son aisance en vol. Des pattes solides lui procurent une bonne mobilité au sol. Il nage avec facilité et rejoint souvent des îlots pour nicher la nuit.

Bébés animaux

Manchot

PAGE CI-CONTRE : mère manchot papou et son petit. Les manchots sont des oiseaux curieux. Ils ne volent pas mais nagent, aidés par un corps robuste, parfaitement adapté à leur mode de vie marin.

CI-DESSOUS : les jeunes manchots royaux possèdent un épais plumage. Chaque espèce diffère de l'autre du point de vue de la silhouette, de l'habitat et du comportement. Certains construisent des nids pour leur progéniture, d'autres des terriers, et d'autres conservent leurs œufs entre leurs pattes.

Bébés animaux

Manchot

Bébés animaux

Albatros

Un albatros en vol offre un grand spectacle étourdissant. Ces oiseaux géants possèdent une envergure de 3,4 m. Un record chez les oiseaux.

Les couples ont en général un œuf, couvé à tour de rôle. Un jeune peut voler entre 3 et 10 mois, selon les espèces, mais lorsqu'il prend son envol, il quitte son territoire pour 5 à 10 ans, jusqu'à ce qu'il atteigne sa maturité sexuelle. Certaines espèces semblent former des couples pour la vie.

Bébés animaux

Sa longue queue en forme d'étendard et sa silhouette lui valent le surnom d'hirondelle des mers. Cet oiseau blanc à calotte noire vit surtout dans les zones côtières, même s'il est parfois aperçu à l'intérieur des terres lors de sa migration. L'oiseau dépend de la bonne santé de son environnement marin, et certaines colonies peuvent souffrir d'une pénurie de poissons. Ses longues migrations le conduisent l'été en Europe et l'hiver, en Antarctique.

Sterne arctique

Bébés animaux

On compte près de 130 espèces de cailles dans le monde. Elle ressemble à la perdrix, en plus petit. Sa queue est courte et certaines espèces arborent un plumet au-dessus de la tête, en formation chez les poussins ci-dessous.

La caille vit au sol, avec une préférence pour les zones buissonneuses et les espaces ouverts. Le nid est souvent logé au cœur de buissons, près du sol. Elle construit parfois son nid à même le sol.

Caille

Bébés animaux

Jaseur d'Amérique

Un oiseau d'Amérique du Nord, très répandu dans les zones où s'épanouissent les baies. La période de nidification coïncide avec celle de l'apparition des baies estivales, ce qui en fait l'un des oiseaux dont la construction du nid est la plus tardive.
Le jaseur d'Amérique est un grégaire. Des nuées rassemblant des centaines, parfois même des milliers d'individus, peuvent être observées lors de sa migration.

Le jaseur d'Amérique est un oiseau frugivore spécialisé. Plutôt que de régurgiter les graines des fruits consommés, il les élimine dans ses fientes.

Trois jeunes jaseurs d'Amérique nourris par un des parents.

Bébés animaux

Le rouge-gorge familier est un oiseau chanteur doté d'une tête et d'un dos brun, d'une gorge rouge orangé, d'un ventre clair, de longues pattes et d'une courte queue. Il est souvent aperçu dans les bois, les parcs et les jardins. D'un instinct territorial développé, il peut se montrer agressif avec les intrus.

La femelle change de territoire à l'été, alors que les mâles conservent un même territoire tout au long de l'année. L'oiseau arbore un poitrail rouge avec l'âge.

Rouge-gorge familier

Chapitre 5
Reptiles

Les reptiles sont un des groupes les plus fascinants et les plus diversifiés du règne animal. Certaines espèces n'ont pas évolué depuis des millions d'années. Leurs caractéristiques anatomiques et leurs attributs sont à ce point variés qu'ils peuvent vivre partout dans le monde, à l'exception de l'Antarctique, où le froid trop intense pour la plupart d'entre eux ne leur permettrait pas de survivre.

Les reptiles forment une classe d'animaux regroupant les lézards et les serpents, les crocodiles, les alligators et les tortues. Les reptiles ont évolué à partir des amphibiens, il y a 250 millions d'années. Ils diffèrent des amphibiens en arborant une peau écailleuse et donnent naissance à des petits leur ressemblant.

Ces animaux sont à sang froid, leur température corporelle est identique à

Reptiles

celle de leur environnement. Les reptiles sont donc absents des régions polaires, trop froides. Dans les régions tropicales, on les observe souvent paressant au soleil, avant de rejoindre l'ombre. Dans les régions aux hivers froids, les reptiles hibernent. La plupart des reptiles pondent des œufs à coquille parcheminée, mais de rares espèces donnent naissance à des petits vivants.

On distingue quatre grands groupes ou ordres de reptiles : les crocodiles et les alligators, les tortues terrestres et marines, ainsi que les tortues aquatiques, les lézards et les serpents, et enfin le sphénodon. Crocodiles et alligators constituent l'ordre des Crocodiliens, incluant le caïman et le gavial. Ces gros animaux au corps en forme de cigare possèdent une queue puissante et des dents acérées. Ils vivent dans les eaux

PAGE CI-CONTRE : le crotale possède un venin mortel. Il agite sa queue pour émettre un signal prévenant du danger.

CI-DESSUS : l'alligator vit près de l'eau douce des marais, cours d'eau et lacs.

Bébés animaux

douces ou salées des régions tropicales, où ils se nourrissent d'animaux comme des poissons et des petits mammifères.

Les tortues terrestres, marines et aquatiques forment l'ordre des Testudines. Le nom des espèces varie d'un pays à l'autre. Toutes possèdent une carapace protective en deux parties

CI-DESSUS : les tortues marines remontent souvent en surface pour remplir leurs poumons d'air.

PAGE CI-CONTRE : le groupe des lézards regroupe une multitude d'espèces, comme cet iguane. Le varan est le plus gros de tous.

Reptiles

(plastron et dossière), quatre membres et une tête protuse. Elles vivent dans les eaux douces et salées, ou sur la terre ferme, dans toutes les régions chaudes du monde. Presque toutes les tortues terrestres ne consomment que des végétaux, mais les espèces aquatiques et marines sont généralement carnivores.

Les serpents et les lézards forment le plus grand groupe de reptiles et font partie de l'ordre des Squamates. Ils ont des écailles cornées ou une carapace.

Bébés animaux

L'alligator américain vit presque exclusivement dans les cours d'eau, les lacs, les marais et les étangs du sud-est des États-Unis, notamment en Floride et en Louisiane. Maladroit sur la terre ferme, ce reptile est un nageur parfaitement adapté au milieu aquatique.

Les nouveau-nés mesurent de 15 à 20 cm de long et possèdent un corps rayé de bandes jaunes et noires. Les juvéniles, qui restent aux côtés de leur mère jusqu'à 2 ans, sont inscrits au menu d'une dizaine de prédateurs, dont les oiseaux, les ratons laveurs, le lynx et même d'autres alligators.

Alligator américain

L'alligator américain est l'une de ces rares espèces autrefois menacées ayant réussi à échapper à l'extinction. Les efforts de préservation de son habitat naturel, entrepris au niveau des États et du pays tout entier, comme la diminution de la demande en produits dérivés de l'alligator, ont porté leurs fruits. La population d'alligators sauvages dépasse le million d'individus.

Leur corps de lézards cuirassé, leur queue musclée et leurs puissantes mâchoires suffit à nous rappeler l'origine si ancienne de ces créatures. L'espèce remonterait à plus de 150 millions d'années. Elle aurait échappé à l'extinction de masse à l'origine de la disparition de leurs contemporains préhistoriques, les dinosaures, il y a 65 millions d'années.

Bébés animaux

Crocodile marin

Le crocodile marin est le plus gros des reptiles au monde, et probablement le plus dangereux. Avec l'alligator, le crocodile marin est le prédateur responsable du plus grand nombre de victimes à travers le monde.

Puissant nageur, il est tout à fait bien adapté au milieu aquatique, où il effectue l'essentiel de ses prises. Ses yeux et ses narines situés au sommet de sa tête lui permettent de repérer une proie alors qu'il est en partie immergé.

Le crocodile marin préfère chasser à proximité du rivage. Prédateur patient, il est capable de flotter des heures, immobile, les yeux rivés sur la berge, guettant l'approche d'un animal assoiffé. Une fois sa victime repérée, le crocodile plonge et s'approche de sa proie, avant de bondir brusquement, gueule ouverte, et de saisir sa victime en lui broyant les os de ses puissantes mâchoires.

Bébés animaux

CI-DESSUS : jeune serpent jarretière. Les serpents sont présents partout, excepté en Antarctique. Ces reptiles se déclinent sous différentes formes, tailles et couleurs. Leur apparence est révélatrice du milieu dans lequel ils vivent. Privés de membres, de paupières et d'oreille externe, ils ont néanmoins su évoluer et devenir de redoutables chasseurs.

PAGE CI-CONTRE : jeune serpent des blés. L'odorat est le principal atout du serpent. Le serpent sent différentes odeurs en agitant sa longue langue bifide dans l'air, pour collecter des molécules odorantes, ensuite transmises et analysées par l'organe de Jacobson, localisé au niveau de son palais.

Serpent

Bébés animaux

Presque tous les lézards possèdent quatre pattes, à l'exception de certains, qui n'en ont que deux, voire pas du tout. Selon les espèces, le lézard peut mesurer de quelques centimètres à 3 m de long. Seules deux espèces sont venimeuses, le monstre de Gila et le lézard perlé. Un lézard peut généralement changer de couleur, ce qui le rend difficile à repérer pour ses ennemis. Sa peau est tapissée d'écailles ou de plaques cornées à base de kératine, principal constituant de l'ongle chez l'homme.

Lézard

L'extrémité de la queue peut se rompre lorsqu'il est attrapé. Le bout de queue abandonnée continue à bouger, laissant son prédateur perplexe. Ce stratagème laisse au lézard le temps de fuir. Sa queue repoussera, mais elle sera plus courte et de couleur différente. Durant son développement, le lézard mue. Il se débarrasse de petits morceaux de peau. Un lézard ne cesse de se développer. Certaines espèces ne pondent pas d'œuf.

Bébés animaux

Les tortues vivent pour la plupart sur la terre ferme, mais certaines préfèrent l'eau douce. Elles occupent différents environnements, des déserts aux zones semi-arides, en passant par les lacs, les lagons, les marais et les forêts tropicales. Une tortue possède quatre pattes et une carapace articulée, sur les côtés. Son bec est puissant et crochu, mais la tortue est édentée.

Tortues terrestre et aquatique

Les tortues marines vivent dans tous les bassins océaniques à travers le monde. Elles viennent pondre leurs œufs sur les plages tropicales et subtropicales, après une longue migration, les conduisant parfois à traverser des océans entiers. La tortue caouanne nidifie au Japon et migre en direction de la Basse-Californie du Sud et du Mexique pour se nourrir, avant son voyage retour. La tortue luth est capable de supporter des eaux plus froides et se rencontre du sud du Chili au nord de l'Alaska.

Index et crédits photographiques

A
Albatros 226, 277
Alligator 287
Alligator américain 290, 291
Âne 86, 87, 88, 89
Animaux marins 214, 215, 216, 217
Autruche 234, 258, 259, 260, 261

B
Babouin 7, 102, 103
Baleine à bosse 224, 225
Béluga 222, 223
Bison 58, 59
Blaireau 142, 143
Blaireau américain 142
Blaireau européen 143

C
Caille 280, 281
Canard 241, 243
Cerf 60, 61, 62, 63
Cerf de Virginie 18, 62
Chameau 21
Chat 152, 153, 154, 155
Cheval 90, 91, 92, 93
Chèvre 128, 129, 130, 131
Chèvre des montagnes Rocheuses 132, 133
Chien 160, 161 162,163
Chien de prairie 188, 189
Chimpanzé 104, 105, 106, 107
Chouette 262, 263, 264, 265
Chouette effraie 263
Chouette hulotte 265, 265
Cigogne 254, 255
Cochon 138, 139, 140, 141
Cochon d'Inde 182, 183
Colibri 232, 233
Couguar 40, 41
Couscous 208, 209
Coyote 166, 167
Crocodile marin 292, 293
Crotale 287
Cygne 248, 249
Cygne noir 250, 251

D
Dauphin 23
Diable de Tasmanie 210, 211

E
Élan 64, 65
Éléphant d'Afrique 80, 81, 82, 83
Éléphant d'Asie 84, 85

F
Furet 146,145

G
Gazelle de Thomson 74, 75
Gerbille 178, 179
Girafe 76, 77, 78, 79
Goéland 270, 271
Goéland cendré 271
Goéland dominicain 271
Gorille 108, 109
Grand dauphin 215, 218, 219
Grand-duc d'Amérique 262, 263
Grande aigrette 252, 253
Grizzli 28, 29, 30, 31
Grue du Canada 296, 257
Guépard 7, 36, 37, 38, 39

H
Hamster 180, 181
Hérisson 184, 185, 186, 187
Hippopotame 98, 99
Huîtrier 233
Hyène 172, 173

I
Impala 70, 71, 72, 73

J
Jaseur d'Amérique 282, 283

K
Kangarou 198, 199, 200, 201
Koala 203, 205

L
Lapin 14, 190, 191, 192, 193
Lémur catta 17, 110, 111
Léopard 42, 43, 44, 45
Léopard des neiges 52, 53
Lézard 287, 296, 297
Linotte 11
Lion 23, 45, 46, 46, 47, 48, 49
Loup 174, 175, 176, 177
Loutre de mer 220, 221
Lynx 50, 51

M
Macaque du Japon 112, 113
Mammifères 20, 21, 22, 23
Manchot 234, 272, 273, 274, 275
Manchot papou 12, 273
Manchot royal 272, 273
Marsupiaux 194,195, 196, 197
Morse 216
Moufette, sconse 150, 151
Mouton 134, 135, 136, 137

O
Oie 244, 245, 246, 247
Oie des neiges 8
Oiseaux 232, 233, 234, 235
Opossum 206, 207
Orang-outan 14, 114, 115, 116, 117
Orque 214, 215, 227

Otarie de Californie 230, 231
Ours noir, baribal 24, 25, 26, 27
Ours polaire 21, 34, 35

P
Panda géant 33
Paon 11
Perroquet 266, 266, 267, 268, 269
Phoque 228, 229
Poussin 237, 239
Putois 148, 149

R
Raton laveur 164, 165
Renard 168, 169, 170, 171
Reptiles 286, 287, 288, 289
Rhinocéros blanc 110, 101
Rouge-gorge familier 284, 285

S
Saïmiri 118, 119
Sanglier 124, 125, 126, 127
Serpent 294, 295
Serpent des blés 294
Serpent jarretière 294
Sterne arctique 278, 279
Suricate 156, 155, 157, 158

T
Tatou 122, 123
Tigre 54, 55, 56, 57
Tortue terrestre 288
Tortues aquatique et marine 298, 299

V
Vache 66, 67, 68, 69
Vervet 120, 121

W
Wombat 212, 213

Z
Zèbre 95, 97

Crédits photographiques

Toutes les photographies ont été gracieusement fournies par Shutterstock Images LLC © et les photographes suivants :- AF Goss : page 145. AISPIX by Image Source : page 50. Ak W : page 63. Alan Jeffery : page 39. Alexander Erdbeer : page 185. Alexia Khruscheva : page 93. Alex Kalashnikov : page 181. Alfie Photography : page 58. Alina Kurbiel : page 244. Alina Wegher : page 146. Alta Oosthuizen : page 70. Anacarol : page 111. Anan Kaewkhammul : page 173. Andrey Novikov : page 183. Andy Jeffrey : page 136. AnetaPics : pages 131, 198. Anneka : pages 160, 163, 193, 230. Ariusz Nawrocki : page 155. Audrey Snider-Bell : page 286. ATG Images : page 134. Bambuh : page 261. Becky : page 150. Becky Sheridan : page 164. Belizar : page 158-159. Bjorn Stefanson : page 228. BMCL : pages 197, 211. Bork : page 56. Brad Thomson : page 100. Brendan van Son. Bruce MacQueen : page 62. Bryan Busovicki : page 6. C12 : pages 4, 192. Camilo Torres : page 178. Camp Crazy Photography : page 223. Catalin Petolea : pages 129, 238-239. Chris Humphries : pages 5, 229. Clarence S Lewis : page 215. Claudette Otte : page 77. Cobus Olivier : page 98. Covenant : page 204. Critterbiz : page 166. Cynthia Kidwell : page 142. Czesznak Zsolt : page 186. Daniel Prudek : page 250. Dave Pusey : pages 48, 76. David Thyberg : page 277. Debbie Steinhausser : page 167. Dee Hunter : page 46. Dema Sobko : page 130. Denis Nata : page 2. Dmitry Kalinorsky : page 162. Dmytro Pylypenko : pages 271, 275. Doug DeNeve : page 32. DPS : page 29. Eduard Kyslynskyy : page 15. Ekaterina Pokrovskaya : page 179. Elle Arden Images : page 54. Elliote Rusty Harold : page 252. Eric Gevaert : pages 17, 103, 248. Erik Mandre : pages 64, 270. Erllre74 : page 218-219. Fishcat : page 78. FLariviere : page 68. Florian Andronache : page 264. Florida Stock : page 30. Foryouinf : page 23. Francois van Heeden : pages 36, 37. Four Oaks : pages 72-73, 81, 101, 258. Foxtrot101 : page 299. Galyna Andrushko : page 84. Geoffrey Kuchera : page 40. George Bentlage : page 279. Gerard Koudenburg Photography : page 66. Gerrit de Vries : page 121. Glenda M. Powers : page 113. Globetrotter J : page 289. Graham Taylor : page 119. Grynka : page 69. Harm Kruyshaar : page 267. Heiko Kiera : pages 123, 165, 207, 290. Heiko Richter : page 47. Helen E. Grose : page 53. Henk Bentlage : pages 7, 99, 102, 147, 156, 157, 189. Hintau Aliaksei : page 180. Holly Kuchera : page 22. HPH Image Library : page 24. Hunta : page 10. Hway Kiony Lim : page 151. i359702 : page 117. Ian Chappell : page 182. Irena Kofman : page 110. Irin-K : pages 237, 242. Jacquelinen : page 284. James M Phelp Jr. : page 86. Jan Daly : page 226-227. Jan Martin Will : page 234. Janneke Spronk : page 235. Jared Bush : page 52. Jeff Banke : page 249. Jeff Grabert : page 79. Jo Crebbin : pages 25, 256. Johan Swanepoel : page 94. John Carnemolla : page 199. John Lindsay-Smith : page 97. John Swanepoel : page 80. Joseph C. Salonis : page 140. Josh Anon : page 276. Josh Schutz : page 132. Julie Lubick : pages 19, 65. Karel Gallas : page 95. Katarina Christensen : page 251. Katsai Tetiana : page 161. Kirsten Wahiquist : page 257. Kitch Bain : pages 33, 106. K Kaplin : page 112. Krztsztof Wiktor : page 41. Kyle Horner : page 275. Lakhesis : page 92. Lars Christensen : page 87. Leigh Kennedy : pages 26, 282-283. Lightpoet : page 184. Lincoln Rogers : page 16. Lisa A : page 152. Lizard J Shomo : page 296. Lori Labrecque : page 174. Lucian Coman : page 262. Makspogonii : page 128. Marco Borone : page 241. Marina Jay : page 266, 268. Mark Bridger : page 246-247. Mark Higgins : page 200-201. Matt Tilghman : page 291.Melissa f84 : page 224-225. Melissa Schalke : page 55. Menno Schaefer : pages 168, 170, 265. Miles Away Photography : page 222. Minerva Studio : page 287. Mircea Berergheahu : page 137. Mlorenz : pages 3, 57, 122. Montenegro : page 88-89. Moritz Buchty : page 126-127. Mountain Images : page 175. Nagel Photography : page 116. Natali Glado : page 22. Nataliia Melnychuk : page 125. Nate A : page 67. Neeksky : pages 105, 220. Nick Biemans : page 14. Nima Typografik : page 74-75. Orhan Cam : page 154. Patrick Rolands : page 42. Paul Yates : page 221. Peter Krejzl : page 124. Peter Wey : page 254. Peter Wollinga : page 260. Pictureguy : pages 263, 294. Piotr Gatlik : page 71. Pirita : page 91. 12qwerty : pages 169, 171. Radka Tesarova : page 144. Rahmo : page 107. Ralph Loesche : page 194. Richard Seeley : page 28. Rich Lindie : pages 273, 274. Rick Wylie : page 96. Riegsecker : page 133. Robbie Taylor : page 269. Robert Ivanov : page 187. Rob Francis : page 109. Robyn Butler : pages 212, 213. Rob Kemp : page 135. Ronnie Howard : page 104. Russell J Watkins : pages 114, 115. Saied Shanin Kiya : page 281. Saipg : page 176-177. Sam DCruz : page 60. Scenic Shutterbug : page 25. Sebastian Duda : page 297. Sergey Skleznev : page 21. Sergii Figurnyi : page 139. Sevenke : page 243. Shuravaya : page 153. Simon : page 235. Simone Janssen : page 172. Simon-g : page 259. Sokolov Alexey : page 214. Stayer : page 108. Steini Hrafnsson : page 206. Steve Byland : page 8-9. Steve Oehlenschlager: page 61. Stuart Elflett : page 209. Stu Porter : page 49. Sue Robinson : page 143. Suriyun : page 85. Susan Flashman : page 196. Tamsindove : page 82-83. Timbles : page 210. Timothy Craig Lubcke : page 195. Tony Campbell : pages 27, 59. Tony Rix : page 51. Tsekhmister : page 138. Vishnevskiy Vasily : page 11. Un. Bolovan : page 31. Uryadnikov Sergey : pages 34, 35. -V- : page 298. Valmas : page 280. Vasilchenko Nikita : page 141.Vladimir Chernyanskiy : pages 148, 149. Vladimir Melnik : page 216-217.Vlasta Kaspar : page 240. Victoria Hillman : page 43.Visceralimage : page 253. Vishnevskiy Vasily : pages 245, 285. Volodymyr Goinyk : pages 13, 272. Voronas : page 20. Worldswildwonders : pages 202, 203, 205, 208, 233. Xander Fotografie : page 232. Yuanann : page 266. Zhukov Oleg : page 190. Zorandim : page 191. Zvonimir Atletic : page 255.